Il Galateo Moderno

La Guida completa per imparare le Buone Maniere e applicare le regole del Bon Ton al giorno d'oggi

Andrea de Veglia

errori, omissioni e imprecisioni, è responsabilità esclusiva del lettore. In nessuna circostanza sarà attribuita alcuna responsabilità legale o colpa all'autore, direttamente o indirettamente.

Marchi, nomi e personaggi reali o inventati utilizzati in questo libro sono di dominio pubblico. Qualora esistano diritti di copyright, un eventuale citazione degli stessi è priva di autorizzazione o supporto da parte del proprietario. Tutti i marchi e brand all'interno di questo libro sono solo a scopo di chiarimento e sono di proprietà dei creatori degli stessi, non affiliati a questo documento.

Indice

Galateo Moderno

Breve storia del galateo

Sin dall'alba dei tempi le persone si sono unite in tribù, villaggi e città e hanno iniziato a creare delle relazioni tra di loro, legami che hanno permesso alla società di evolversi e di arrivare fino ai giorni nostri. La società moderna infatti non è altro che una versione aggiornata della società del passato, adattata ai tempi moderni e a situazioni e tecnologie che prima non esistevano mentre adesso influenzano notevolmente diversi aspetti della nostra vita.

Sin da piccoli viene insegnata l'educazione a tutti: questa educazione consiste nel sapere come comportarsi nella società e con i vari membri di essa, e a saper distinguere in quali circostanze è giusto fare o dire delle cose. Grazie all'educazione impariamo che non è una grande idea dire delle barzellette sconce al funerale di un bambino, o che ruttare in faccia a una ragazza al primo appuntamento non è il modo migliore per fare una bella impressione.

Una persona educata dice sempre "Per favore", "Permesso", "Grazie" o "Scusa" quando parla con qualcuno, e queste parole permettono all'interlocutore di percepire del rispetto e il desiderio di avere un rapporto tra pari senza nessuna intenzione di dominare l'altra persona.

L'insieme di tutte le regole necessarie per comportarsi in un modo che viene considerato socialmente accettabile nella società è chiamato galateo, e questo insieme di regole si è evoluto nel corso del tempo e si evolverà sempre, adattandosi agli usi e costumi di ogni società. Il galateo dei nostri nonni è profondamente diverso da quello dei nostri genitori, quello che usiamo noi sarà considerato "passato" dai nostri figli e poi dai nostri nipoti e così via. Il galateo non è inciso nella pietra, è liquido e si adatta da solo alle varie situazioni e forse è questa la sua grande forza.

Ma quando è nato il galateo?

Prima di iniziare questo viaggio all'interno del galateo moderno è doveroso spendere qualche parola a proposito delle origini del galateo nella storia, in modo da capire bene da dove hanno origine certe abitudini e conoscere il contesto storico che ha portato le persone a considerare adatti alcuni comportamenti e sconvenienti degli altri.

Uno dei primi documenti scritti (se non il primo in assoluto) riguardante il galateo è datato circa 200 A.C., ad opera di Clemente Alessandrino, teologo e filosofo, autore di "Pedagogo", opera in cui raccoglie una serie di regole comportamentali in diverse situazioni: a tavola, come mangiare, come vestirsi, come profumarsi, come parlare con le persone e così via.

Queste regole furono modificate e aggiornate dal famoso umanista Erasmo da Rotterdam e diventarono il punto di riferimento di chiunque volesse anche solo provare ad aggiornarle.

Se guardiamo all'Italia invece il galateo è associato a Monsignor Della Casa con l'opera "Galateo, overo De'

Costumi" del 1558, dove Monsignor Della Casa raccoglieva diverse regole di comportamento.

Una nota curiosa di questa opera è quella di prevedere diversi doveri a seconda della classe sociale a cui si appartiene: i nobili potevano fare diversi strappi alle regole, mentre i borghesi o i sottoposti dei nobili erano chiamati ad avere una condotta esemplare e a rispettare in maniera maniacale ogni singola regola.

Questa distinzione sparì nel corso del tempo grazie all'avvento dell'Illuminismo e a una maggiore diffusione della cultura, favorendo un maggiore scambio di idee e un clima generale meno rigido e formale, che però tornerà prepotentemente alla ribalta nel 1800, imponendo un galateo molto rigido e formale, dove le persone mantenevano una certa distanza sia fisica che affettiva e le donne dovevano mostrare il loro corpo il meno possibile (famosa è la Regina Vittoria che ordina di coprire anche le gambe dei tavolini), quasi "sopprimendo" la loro natura.

Nel corso del Ventesimo secolo invece si è assistito a un progressivo allentamento di questa rigidità anche grazie a prodotti come la televisione, il bikini o la minigonna per le donne e in generale a una maggiore emancipazione della società.

Il galateo di oggi è diverso da quello di Monsignor Della Casa, che è diverso da quello di Erasmo di Rotterdam proprio perché la società è molto cambiata ma una cosa non è cambiata: il potere del galateo nel permettere di fare una buonissima impressione su tutte le persone e quindi ottenere maggiore potere, considerazione e stima.

Importanza del galateo e l'impressione che si fa sugli altri

Si dice che è la prima impressione quella che conta, e non si può non concordare con questa frase.

Diversi studi hanno dimostrato come siano sufficienti solo pochi secondi per far generare una prima impressione di noi nelle altre persone e questa prima impressione è dura a morire e anzi, può veramente fare la differenza tra l'ottenere quello che desideri e un grande insuccesso.

Immagina per esempio di avere un appuntamento romantico con una ragazza (se sei un uomo, in alternativa immagina tutto questo da un punto di vista femminile). Vuoi fare una bella impressione, è ovvio. Indossi un bel vestito, ti dimostri educato, le offri da bere, l'aiuti a sedersi, piccole cose che fanno piacere e che dimostrano la tua volontà di fare una bella figura.

La serata sarà un successo. Non dico che farai sesso (potrebbe essere come no, ma non è l'importante), ma di sicuro farai nascere nella ragazza la voglia di incontrarti di nuovo, e tutto questo anche grazie all'impressione positiva che farai seguendo le semplici regole del galateo non solo con lei ma anche con tutte le altre persone con cui interagirai nel mentre.

Ora immagina di avere lo stesso appuntamento ma affrontandolo con un diverso approccio: un look non adatto, non sei gentile per nulla con la ragazza e ti permetti di essere arrogante e maleducato con i camerieri del ristorante, ignori le più elementari norme di educazione e magari a fine serata spari un rutto fantozziano che fa girare tutta la sala.

Cosa potrebbe succedere?

La prima impressione che quella ragazza avrà di te sarà senz'altro fortemente negativa. Hai dimostrato di non essere educato, di non avere interesse a fare una bella figura e l'hai messa in imbarazzo davanti a tutta la sala del ristorante.

Questa prima impressione non verrà cambiata nemmeno se il tuo corpo venisse posseduto da Monsignor Della Casa in persona, e la ragazza non vorrà più vederti.

Si può dire che il galateo permette di mostrare il nostro lato migliore, ma forse è solo il modo migliore che possiamo avere per mostrare agli altri che li rispettiamo e che vogliamo fare una bella impressione.

Mostrarsi educato e rispettare delle semplici norme di galateo è infatti non solo una cosa che dimostra educazione e abilità sociali, ma anche il desiderio di non mettere in imbarazzo le altre persone. Ho parlato con diversi amici e tutti mi hanno detto che uno dei momenti più imbarazzanti della loro vita è stato quando si sono trovati assieme a delle persone che esageravano con la confidenza o che erano semplicemente dei grandi maleducati.

Non si deve solo mostrare rispetto ed educazione alle persone che si conoscono, tutti lo meritano, anche chi non conosci. Dale Carnegie dice che un complimento sincero e l'educazione possono fare miracoli e far sentire meglio le persone, facendole sentire apprezzate e rispettate per quello che fanno.

Immagina di entrare in un ristorante e di venire accolto con il sorriso dai camerieri, di essere servito con entusiasmo e con la sensazione che lo staff del locale voglia davvero metterti a tuo agio e farti trascorrere una bella serata. Sono sicuro che anche la qualità del cibo migliorerà e che vorrai tornare volentieri in quel locale

E pensa adesso al solito ristorante ma questa volta con un cameriere palesemente scocciato dalla tua presenza, che vorrebbe solo che tu pagassi il conto senza disturbare, con la sensazione di essere ospite sgradito. La serata sarebbe rovinata, una pessima pubblicità per il ristorante e scommetto che non ci metterai più piede. Come mai? Non è stato rispettato il galateo, non sei stato messo a tuo agio e lo staff non ha rispettato il fatto che tu abbia deciso di spendere il tuo denaro in quel locale dando fiducia alla loro attività.

Una brutta prima impressione è davvero nociva e difficile da cancellare, indipendentemente da quello che farai per "rifarti una verginità". L'unica cosa da fare davvero è evitare di fare delle pessime figure e conoscere il galateo e l'educazione. È una cosa che, come diceva il padre di Ozzy Osbourne, "non costa nulla fare e porta grandi risultati".

La prima impressione che farai non sarà condizionata solo da come ti comporterai e parlerai con le persone ma anche, anzi soprattutto, dal tuo vestiario. C'è un vestito adatto per ogni occasione e tu lo devi solo trovare!

Il modo di vestirsi consono per ogni situazione

Per fare una buona prima impressione e mostrare immediatamente di conoscere il galateo è fondamentale sapere come vestirsi per ogni occasione. Sono sicuro che il tuo armadio è pieno di bellissimi vestiti di ogni tipo, ma non puoi commettere l'errore di prendere quello che ti capita tra le mani e vestirti a caso pensando che questo non faccia la differenza.

Ogni occasione richiede un vestiario adeguato in modo da fare una bella impressione sull'altra persona e mostrare rispetto per il tempo che ci viene dedicato e per l'importanza dell'occasione. Sbagliare l'outfit non è un errore irreparabile, sia ben chiaro, ma ti farà fare una pessima figura e rischierai di fare una brutta impressione. Verrai notato, quello è indubbio, ma verrai notato come lo zio ubriaco che inizia a cantare canzoni stonate al pranzo di Natale, quindi non credo che questo sia il modo con cui vuoi farti notare a delle feste, a degli eventi o a delle occasioni particolari.

Ogni occasione necessita di uno studio dell'outfit per poterti permettere di risaltare al massimo, ma è fondamentale anche curare la propria igiene personale prima di uscire di casa e di incontrare delle persone. La pulizia è sempre di primaria importanza e nessuno ama le persone sporche o puzzolenti. Potrai anche indossare dei completi fatti a mano da Giorgio Armani ma se hai la nomea di puzzone o di persona che non ha un bel rapporto con la propria igiene personale allora non farai molta strada. È come verniciare la casa ma lasciare fuori tutti i sacchi di spazzatura e gli escrementi dei cani randagi.

Ecco quindi i consigli fondamentali per la tua igiene personale. Non puoi essere sporco e indossare un vestito pulito, non raggiungerai l'effetto desiderato.

Consigli per la tua igiene personale

- Anche se ti sei già lavato nel corso della giornata fai in modo di farti una doccia prima di uscire di casa per il tuo impegno. Ti sentirai più pulito e fresco.

- Prima di interagire con una persona assicurati di avere le mani pulite. Le nostre mani sono un veicolo di trasmissione di tante malattie ed è buona regola averle sempre ben pulite quando si interagisce con una persona. Se non puoi andare in bagno a lavarle con sapone porta con te una bottiglietta formato tascabile di gel igienizzante.

- Non esagerare con il doccia schiuma perché può irritare la pelle. È meglio acquistare quelli che hanno un PH neutro e non irritano la pelle.

- Non esagerare con il profumo, ne bastano solo poche gocce e non una quantità industriale. Per gli uomini è sempre consigliato non abbondare mai con l'acqua di colonia o con il dopobarba, mentre per le donne è consigliabile non mettere il profumo poco prima di incontrare una persona ma piuttosto prima di uscire di casa in modo da non avere una profumazione troppo forte.

Abbondare con il profumo non è una cosa apprezzata nel galateo.

- Lavati sempre i denti circa 30 minuti dopo i pasti e mangia delle caramelle o gomme da masticare in grado di darti un alito fresco. Quando parli con delle persone però non masticare gomme o caramelle. L'alito puzzolente è molto fastidioso.

- Prenditi molta cura dei tuoi capelli usando degli shampoo di qualità in modo da eliminare l'inestetismo della forfora.

- Tagliati sempre le unghie prima di un colloquio di lavoro. Le unghie lunghe sono accettate solo nelle donne ma a patto che siano ben curate.

- Se hai la barba o i baffi assicurati che siano curati al massimo e raditi la barba. È sempre meglio presentarsi sbarbati ai meeting e ai colloqui.

- I capelli dritti con il gel erano l'ideale quando andavi da ragazzino in discoteca a rimorchiare ma adesso che sei adulto non sono adatti a un look professionale o al galateo. Se usi del gel non usarlo per farti i capelli dritti.

- Per le donne è sconsigliato legare i capelli o usare accessori vistosi come delle pinze o forcine per raccoglierli.

Una volta curata l'igiene personale è il momento di scegliere l'outfit perfetto per fare una bella impressione e seguire il galateo. Questi sono i migliori consigli per trarre il massimo da questa situazione:

1. In un colloquio di lavoro, incontro con un cliente oppure occasione di business (seminario, conferenze o simili) si deve sempre tenere a mente che si rappresenta il brand per cui si lavora e che una brutta figura metterà in difficoltà anche il datore di lavoro. È fortemente sconsigliato indossare un outfit troppo informale (jeans, felpa, scarpe sportive), mentre è consigliato l'abbigliamento formale e professionale (completo, camicia, cravatta, scarpe nere). Per le donne è consigliato non indossare abiti troppo corti e di portare le calze anche d'estate se possibile.

2. Ogni azienda o locale ha un proprio dress code che permette all'azienda o al locale di fare entrare solo chi lo rispetta. Ricordo che una sera un mio amico insistette molto per andare in una discoteca anche se io non ero vestito nel modo adatto (avevo pantaloncini corti estivi e una maglietta con una stampa). Risposi al mio amico dicendo che non ero vestito nel modo adatto e che avremmo solo perso tempo ma lui insistette e alla fine accettai per dimostrargli che avevo ragione. Detesto dirlo ma "avevo ragione", non ero vestito nel modo adatto al dress code del locale e non ci hanno fatto entrare. Seguire il dress code significa portare rispetto per il locale e mostrare la voglia di adattarsi a quelle che sono le sue regole per partecipare. Se si va in casa di altre persone è sbagliato volersi comportare come a casa propria, e se si va in un locale è doveroso vestirsi come desidera il padrone di casa.

3. Evita gli accostamenti di colore audaci, è consigliabile una camicia bianca e un completo

nero, grigio o blu scuro. Per le donne si consigliano colori chiari.

4. A seconda dell'evento a cui si partecipa è preferibile scegliere un determinato outfit, ma solitamente non si sbaglia mai con un completo scuro e la camicia bianca.

5. Se si vuole essere davvero rispettosi del galateo è meglio indossare una camicia bianca a tinta unita solo dopo il tramonto. Negli altri momenti della giornata è consigliato indossare camicie a righe o una tinta unita chiara.

6. Le scarpe devono avere sempre i lacci, meglio mettere i mocassini solo per le occasioni informali. Per le donne si consigliano tacchi di altezza non elevata (ovviamente ben puliti) e di non mostrare mai le dita dei piedi, se possibile.

7. I calzini devono essere in tinta con la cravatta che si indossa, non troppo pesanti e con altezza minima alla caviglia. Le calze delle donne devono essere chiare e indossate anche su scarpe aperte.

8. Non esagerare con i gioielli vistosi, una donna è elegantissima anche con una semplice collana e un

paio di orecchini. Per l'uomo è meglio indossare solo l'orologio da polso e togliere braccialetti e anelli. Non indossare l'orologio sul polsino della camicia, non sei Gianni Agnelli. In spiaggia è meglio non indossare gioielli per il pericolo di furti, e ai funerali è considerato fuori luogo.

9. Non indossare magliette con scritte strane o loghi di band musicali, puoi farlo nei tuoi giorni liberi, quando vai in palestra, quando sei a casa ma nel tuo lavoro indossa maglie a tinta unita e con colori non sgargianti.

10. Non mostrare mai la biancheria intima, quindi fai attenzione quando indossi dei pantaloni a vita bassa o delle magliette scollate (per le donne).

11. Il cappello di deve togliere quando si è in un luogo chiuso e non va mai indossato di sera.

12. La giacca del tuo completo non si allaccia mai completamente e non va mai tolta quando sei a tavola (fai attenzione a non macchiarla).

In sintesi è sempre meglio vestirsi in modo formale e mostrare meno corpo possibile a meno di non essere a casa, in spiaggia o in intimità con il partner. Ci sono tessuti adatti per l'inverno e altri adatti per l'estate anche a manica lunga.

Analizza bene il contesto per cui ti devi vestire e riuscirai a capire subito quale tipo di outfit indossare.

Come fare conversazione nel modo corretto e quali errori evitare

La nostra vita ci mette sempre in contatto con tantissime persone diverse ogni giorno, dai colleghi di lavoro fino ai membri della famiglia, per passare ai negozianti o a sconosciuti a cui chiediamo informazioni per strada. Le conversazioni sono fondamentali per lavorare, per approfondire le relazioni con le persone e per imparare cose nuove ma è importante saper fare conversazione nel modo corretto, seguendo le regole base dell'educazione.

Purtroppo tante persone fanno conversazione senza avere il desiderio di imparare cose dall'altra persona e hanno la tendenza molto fastidiosa di parlare solo di loro, o di accentrare tutte le varie fasi della conversazione sulla loro visione del mondo e questo è il modo peggiore per fare conversazione. Nel migliore dei casi è solo una perdita di tempo, nel peggiore irriterai alla grande l'altra persona e comprometterai il rapporto che hai con l'interlocutore.

Per imparare a fare una buona conversazione non è necessario padroneggiare l'arte della retorica nel modo migliore ma è fondamentale anche conoscere le regole base del galateo e della buona educazione, e in questa sezione ho raccolto quelle più importanti. Sono sicuro che le stai già seguendo ma è sempre meglio ripassarle perché potresti non rispettarne alcune anche in buona fede.

Presta attenzione a chi ti sta parlando

Sembra una grande banalità (e da un certo punto di vista lo è) ma posso assicurarti che questa regola è molto disattesa, in particolare da quando sono stati introdotti sul mercato gli smartphone.

Ho parlato personalmente con tante persone che non prestavano attenzione a quello che stavo dicendo e continuavano a fissare lo schermo del loro smartphone come se fosse la cosa più naturale del mondo, come se la loro attività (che nel migliore dei casi era solo scorrere la home di Facebook senza uno scopo ben preciso) fosse importantissima, al punto da poter decidere le sorti dell'umanità.

Questo atteggiamento è incredibilmente maleducato, è un messaggio chiarissimo: "Non mi interessa nulla di quello che stai dicendo, mostro apertamente il mio disinteresse sperando che tu lo capisca e la smetta di parlare, risparmiano fiato. Il meme sul gattino che ho condiviso ha più importanza di quello che mi vuoi dire".

Quando una persona ti sta parlando significa che ha delle cose da dirti (che siano importanti o no non è il punto del discorso), o richiede la tua opinione, insomma, vuole renderti partecipe di qualcosa e gradirebbe molto avere la tua attenzione mentre lo fa. Fare altro mentre ti stanno parlando significa che non vuoi dare quell'attenzione e che non ti interessa parlare con l'altra persona.

Ma la distrazione con il telefono non è il solo modo in cui si evita di prestare attenzione all'altra persona. Puoi anche mostrare disinteresse con il linguaggio del corpo (sbuffando, tamburellando con le mani, avendo uno sguardo assente) o pensando ai fatti tuoi (cosa mangiare per cena, il prossimo lavoro da fare, il telefilm, il gatto, eccetera) o anche solo non interrompendo quello che stai facendo. Chiaramente non puoi ogni volta fermarti e prestare attenzione a quello che ti dicono, specialmente se stai lavorando (immagina di stare scrivendo una mail e doverti fermare, ascoltare, rispondere, recuperare la concentrazione e poi proseguire il tuo lavoro, per fare una cosa ci metteresti il triplo del tempo) e in quel caso dovrebbe essere il tuo interlocutore ad avere l'educazione di non interromperti mentre sei nel bel mezzo del tuo lavoro e aspettare un altro momento per parlarti. Ad ogni modo, se possibile, non fare altro mentre ti parlano e mostra attenzione.

Il grosso rischio di non prestare attenzione durante una conversazione non è solo quello di passare per un autentico maleducato, ma anche quello di perdere delle informazioni importanti che potrebbero servirti nel lavoro o per fare qualcosa, costringendo l'interlocutore a ripetere il discorso o dei passaggi di esso: personalmente questa è una cosa che mi irrita da matti perché è la prova finale che l'altra persona non ha prestato attenzione al mio discorso.

Cosa fare se ti trovi in una di queste situazioni? L'istinto è quello di prendere il cellulare dell'altra persona e scagliarlo contro il muro urlando che stai parlando e di prestare attenzione, magari sbattendo anche le mani sul tavolo e alzando il tono della voce. Io fatico a contenere questo istinto ma il galateo mi impone di non perdere la calma in questo modo, specialmente se sono in un locale o sul posto di lavoro (ma che soddisfazione sarebbe?).

Quello che si deve fare è non perdere la calma e dimostrare di essere educato anche in questo contesto. Fai presente al tuo interlocutore che stai parlando di qualcosa di importante, che necessita della sua completa attenzione, chiedendo gentilmente di eliminare per qualche minuto la fonte di distrazione. È fondamentale riuscire a mantenere la calma e un tono di voce civile anche se puoi senz'altro far trasparire tutta la tua irritazione per il comportamento del tuo interlocutore. Se mantieni la calma dimostrerai educazione e non rischierai di fare una figuraccia dando al tuo interlocutore l'occasione di farti passare dalla parte del torto.

Ricordati comunque dell'atteggiamento di questa persona e in futuro evita di fare delle conversazioni approfondite, dato che il suo disinteresse è stato più che palese.

Allo stesso modo, presta sempre massima attenzione a quello che ti dice l'altra persona anche se non dovesse interessarti. Se non vuoi ascoltare quello che ha da dirti fallo presente con educazione oppure inventati una scusa credibile, è molto meglio che mettersi a guardare lo schermo del cellulare con un atteggiamento molto maleducato. Per evitare la distrazione e non cadere in tentazione non tenere il cellulare a portata di mano mentre stia parlando con qualcuno.

Accetta il punto di vista dell'altra persona
Nel corso del tempo ho notato che, purtroppo, tante persone fanno conversazione non per confrontare le

proprie idee con quelle di altre persone in modo educato e con un confronto costruttivo, ma solo con l'intento di affermare le proprie idee, quasi come a voler "vincere" la discussione. È un atteggiamento sbagliato e maleducato perché porta a imporre la tua volontà in modo estremamente arrogante e uccide la conversazione. A che pro parlare con qualcuno se vuoi solo imporre la tua volontà?

Se vuoi sempre avere ragione evita le conversazioni con un tuo pari e crea una setta o un partito politico dove sarai il leader incontrastato, oppure apri un blog senza a possibilità di commentare quello che hai scritto e vedrai che nessuno metterà mai in dubbio quello che pensi.

Quando fai conversazione con qualcuno non partire mai con l'idea di aver sempre ragione e che l'altro ha sempre torto (del resto si dice che "la ragione è degli stupidi"), perché è solo un bias che influenzerà l'andamento della conversazione. Impara a vedere anche il punto di vista dell'altra persona e ad accettarlo come opinione, anche se non la condividi, e se vuoi rispondere è sempre meglio iniziare dicendo "Capisco quello che dici ma sono in disaccordo su alcune cose" piuttosto che dire "Sei uno stupido e dici solo fesserie".

Bisogna però fare un distinguo molto importante: ci sono opinioni e fatti, e non si deve fare l'errore di trattarli allo stesso modo. L'opinione è sempre legittima, specialmente se è supportata da delle motivazioni. Per esempio, "Mi piace di più la pizza rispetto alla verdura lessa perché è più buona" è un perfetto esempio di opinione motivata che è degna di rispetto. Il galateo e l'educazione ti dicono di accettarla e di rispondere "Capisco la tua opinione ma sono in disaccordo, le verdure lesse sono buone e salutari, io personalmente le preferisco a una pizza troppo piena di ingredienti" piuttosto che dire "Non capisci nulla, le verdure sono più buone".

Il fatto invece è ben diverso dall'opinione, è una cosa accertata da tutti, una verità oggettiva e non esiste opinione in merito. Dire "La terra è piatta" non è un'opinione, è una stupidaggine perché i fatti dimostrano che la Terra non è piatta, e fino a quando non saranno prodotte delle prove che dimostrino l'inesattezza di questo fatto (e come diceva Carl Sagan, "Per dimostrazioni straordinarie occorrono prove straordinarie") è giusto considerare come un fatto che la Terra non è piatta.

Questo significa che non devi rispettare chi nega dei fatti? No, devi solo usare il galateo e l'educazione per convincerli che quel fatto non ha fondamenti scientifici, o limitarti a dissentire facendo presente le prove che dimostrano che quello è un fatto, non l'opinione del tuo interlocutore.

In ogni caso, cerca sempre di non metterti su un piedistallo considerando le tue opinioni corrette e quelle delle altre persone sbagliate.

E cosa fare se invece è l'altra persona a credersi depositaria della verità assoluta, non essendo minimamente disposta a ascoltare o rispettare quello che dici? Il galateo dice di non perdere mai la calma in queste situazioni e di limitarsi a motivare la propria opinione o il fatto che si espone con dei solidi ragionamenti e delle prove. Se anche di fronte a delle argomentazioni o a delle prove il tuo interlocutore continua a ritenersi sempre in una posizione di ragione rispetto a te, allora interrompi la conversazione ed evita di parlare ancora con quella persona. Essere in disaccordo sulle idee è sacrosanto ed è alla base di ogni confronto, ma ritenere a prescindere di essere sempre dalla parte della ragione è un errore madornale e una prova di grandissima maleducazione. Non perdere il tuo tempo con una persona che non ha interesse nel dare vita a una conversazione costruttiva.

Non concentrare la conversazione su di te

Questo è un errore molto comune ed è una cosa che il galateo sconsiglia fortemente di fare. Quando si parla con qualcuno è normale parlare anche delle proprie esperienze personali, di idee e di opinioni, ma non si può concentrare tutta la conversazione solo su di te e su quello che hai fatto.

Potrebbe anche essere un errore in buona fede ma parlare sempre dicendo "Io ho detto, io ho fatto, io penso che, mi è successo questo, mi hanno detto quell'altro" è solo un modo per accentrare la conversazione su di te, e questo è materiale per un monologo, non per una conversazione con una persona. Inoltre non credere che quello che ti piace piaccia anche agli altri.

Se inizi ad accorgerti che stai concentrando troppo su di te la conversazione non disperare, è possibile rimediare in modo semplice chiedendo all'altra persona la sua opinione in merito e mettendola, almeno per il momento, al centro della conversazione. Come diceva Heath Ledger nel film Casanova: "Ho dominato troppo la conversazione". Può essere un errore in buona fede, come già detto, ma diverse persone lo possono trovare un atteggiamento irritante ed egocentrico, ti sconsiglio di usarlo.

Non usare mai opinioni nette

Cosa intendo per "opinioni nette"?

Intendo le opinioni che non danno possibilità di replica e che tendono a chiudere il discorso senza dare all'altra persona la possibilità di replicare. Dire "Il film fa schifo" è un'opinione netta (e nemmeno motivata) che non lascia a nessuno la possibilità di ribattere a meno di non volerlo davvero fare (perché il film ha fatto schifo?) dato che le persone tendono a non voler replicare a delle opinioni nette.

Senza contare il fatto che l'altra persona potrebbe anche aver gradito il film e non apprezzare una presa di posizione così netta. Per non passare come maleducato e arrogante (le persone che sparano sentenze in questo modo vengono considerate arroganti e che si credono superiori agli altri) devi perdere questa brutta abitudine (purtroppo incentivata anche dalle interazioni online) e cercare sempre di dare opinioni meno nette o quantomeno motivate.

C'è differenza tra dire "il film ha fatto schifo" e "il film ha fatto schifo perché l'attore protagonista non ha recitato bene", o "ha fatto schifo perché la trama non aveva un senso logico, erano solo scene attaccate una all'altra in un modo non naturale", perché la prima è un bell'esempio di opinione netta mentre l'altra permette al tuo interlocutore di poter rispondere e condividere il suo punto di vista.

Conoscevo una persona che aveva questo problema e ogni volta era molto difficile parlare con lui a meno di non concordare con le sue opinioni (cosa non facile) perché usava solo delle opinioni nette. Questo faceva schifo, l'altro era orribile, e non c'era possibilità di parlare perché non motivava mai, faceva schifo perché sì e basta. Tutti eravamo stufi di questo suo atteggiamento e abbiamo provato a farglielo capire diverse volte, ma questa persona non ha mai minimamente mutato il suo atteggiamento e come risultato abbiamo deciso di non coinvolgerlo più nelle conversazioni prima e poi nel nostro gruppo. Questo è il rischio che corri se continuerai a usare delle opinioni nette senza motivarle. Alla fine la cosa importante è proprio quella di dare una motivazione alle cose che si dicono in modo da permettere un confronto. Non esistono opinioni strampalate e ridicole, ma delle motivazioni inadatte.

Domande a risposta aperta

Le persone adorano essere coinvolte in una conversazione e uno dei modi migliori per farlo è quello di fare delle domande a risposta aperta, ovvero delle domande che necessitano assolutamente di una risposta che solo l'interlocutore è in grado di dare. In questo modo l'interlocutore avrà in mano il controllo della conversazione e si sentirà importante, e questo non potrà che fargli piacere.

Ricordati anche che le persone amano sempre parlare di quello che fanno e di quello che gli piace perché anche questo contribuisce a farle sentire importanti e apprezzate, e questo modo è uno dei più veloci per entrare in confidenza e diventare amico con qualcuno. Fai sentire una persona importante e la conquisterai per sempre o quasi.

Quali sono le domande con risposta aperta?

Sono quelle che solitamente vengono poste dai giornalisti e che prevedono una risposta da parte dell'interlocutore. Sono quelle che cominciano con:

- Chi
- Cosa
- Quando
- Dove

- Come
- Perché

In particolare "Perché" è la parola migliore per iniziare una domanda a risposta aperta perché chiede chiaramente il motivo che porta una persona a dire o a fare una determinata cosa. Il potere del "Perché" è incredibile e ti consiglio di usarlo in ogni conversazione per coinvolgere il tuo interlocutore. Fai però attenzione perché questo potere (come tutti gli altri poteri) deve essere usato in maniera saggia altrimenti sarà solo controproducente. Non è infatti educato continuare a chiedere sempre "Perché" o usare tutte le altre forme di domanda a risposta aperta, perché possono irritare l'altra persona. Idealmente sono da usare solo un paio di volte a conversazione e per sottolineare i passaggi più importanti o per coinvolgere maggiormente l'interlocutore se noti che si sta annoiando.

Il tono della voce

Nel galateo non possono mancare delle indicazioni sul tono della voce da assumere durante una conversazione in modo da essere sempre educati e gentili. Ci sono anche delle persone, in particolare cantanti, politici, conduttori televisivi o radiofonici, attori e doppiatori o motivatori, che allenano molto la loro voce con dei logopedisti (ti consiglio a tal proposito di vedere il bellissimo film Il discorso del re, che racconta la storia di Re Giorgio VI e dei suoi problemi di balbuzie) per parlare correttamente e sempre con il tono di voce adeguato.

Posso dirti di fare del tuo meglio per evitare di:

- Usare un tono troppo elevato di voce perché trasmette aggressività.
- Un tono troppo basso. Se parli con una persona sola potrebbe essere un problema relativo o trascurabile, ma se parli con tante persone allora quelle più lontane da te potrebbero avere dei problemi a sentire quello che stai dicendo. Alcune persone usano di proposito questo tono di voce basso per mettere in difficoltà le altre persone in quanto non riescono a capire bene quello che stanno dicendo e questa situazione li mette a disagio. In realtà è soltanto una prova di

grandissima maleducazione che non devi mettere in atto.

- Fare lunghe pause in stile Adriano Celentano. Non aggiungono drammaticità a quello che stai raccontando ma irritano solamente il tuo interlocutore facendogli perdere il filo del discorso.

- Parlare troppo velocemente non permettendo agli altri di capire quello che dici e costringendoti a ripetere diversi passaggi del discorso.

- Alzare improvvisamente la voce.

Esercitati davanti allo specchio e registrati per capire qual è il tono della tua voce e per cercare di modularla nel modo corretto.

Il livello di confidenza

Nel corso della giornata incontri diverse persone e con ognuna di esse hai un particolare livello di confidenza che ti permette di portare la conversazione in una direzione piuttosto che in un'altra. È normale fare delle domande di natura personale a chi ti è amico da tanto tempo perché si ha un certo livello di confidenza, ma non tutti possono apprezzare questo tipo di domande.

È sempre meglio tenere separata la vita privata da quella professionale e non dare mai troppe informazioni personali ai colleghi, perché potrebbero essere usate per danneggiarti o semplicemente perché non gli interessa sapere nulla dei tuoi figli o di quello che ti è successo l'altro giorno a cena, e causerai loro solo fastidio.

Ricordati di parlare di questioni di natura personale solamente con le persone di cui ti fidi e con cui hai un grande livello di confidenza. Non mettere mai in difficoltà il tuo interlocutore con domande di questo tipo perché potresti facilmente farlo sentire a disagio.

Se l'altra persona decide di aprirsi con te e di aumentare il livello di confidenza allora puoi fare questo tipo di domande, ma cerca di non essere mai il primo a porle e ricordati anche che non sei obbligato a rispondere. Se non ti va puoi infatti rifiutare in modo deciso ma cortese, dicendo che preferisci non divulgare delle informazioni di carattere personale.

Ci sono dei popoli dove è quasi tabù divulgare queste informazioni, per esempio il Giappone. I Giapponesi sono persone che tendono a non dare mai troppa confidenza agli altri e sono molto protettivi della vita privata. È probabile che non saprai mai nulla della famiglia del tizio che lavora con te da 20 anni nello stesso ufficio perché a lui non passerà mai nemmeno per l'anticamera del cervello di condividere certe confidenze con te, e fare queste domande è considerato un grande atto di maleducazione.

Parla di quello che conosci

Nanni Moretti nel film Sogni D'Oro dice una famosa frase: "Io non parlo di cose che non conosco". Questa frase è un consiglio utile per evitare non solo di fare una pessima figura in qualsiasi conversazione ma anche per evitare di infrangere il galateo.

Non è umanamente possibile sapere tutto di tutto, ci saranno inevitabilmente delle cose che ignorerai sia perché non ti interessa nulla dell'argomento sia perché non hai mai studiato quella materia specifica, e non c'è nulla di male in questo. Anche uno dei più famosi pensatori della storia del mondo, Socrate, disse una celebre frase, "So di non sapere", che significa che la persona saggia ammette la propria ignoranza e quindi è ben disposta a imparare nuove cose mentre chi è arrogante e stupido crede di sapere già tutto.

Una delle regole base del galateo nelle conversazioni è quella di non offendere mai l'intelligenza del tuo interlocutore, e questo significa anche non parlare di cose che non conosci atteggiandoti da esperto.

Nel migliore dei casi darai delle informazioni inesatte, nel peggiore offenderai l'interlocutore che magari è esperto di quell'argomento o ne è interessato e farai anche una pessima figura da cialtrone maleducato.

Purtroppo tante persone credono che ammettere la propria ignoranza sia un grave errore, ma in realtà non è sbagliato ammettere di non sapere le cose perché è solo ammettendolo che si può imparare qualcosa di nuovo. È molto peggio fingere di sapere le cose perché si ingannerà non solo l'interlocutore ma anche se stessi.

Quando ti trovi in una conversazione che riguarda qualche argomento che non conosci ammetti di non essere esperto, lascia parlare chi ne sa più di te e impara. È il modo migliore per essere educato e non rovinare una conversazione.

Non interrompere gli altri mentre parlano

Una cosa che mi irrita profondamente e riesce a farmi dimenticare tutte le regole del galateo è venire interrotto mentre parlo.

Non scherzo, è una cosa che mi innervosisce moltissimo, che tocca qualcosa dentro alla mia anima e in quel momento tutta l'educazione che conosco va a farsi letteralmente benedire e divento una furia. Questo è anche il motivo principale per cui non guardo mai i confronti Tv tra politici o in generale i dibattiti tra due fazioni opposte (oltre che per la pochezza delle argomentazioni che vengono esposte).

Quando qualcuno mi interrompe mentre sto parlando mi sta inviando un messaggio chiarissimo: non mi interessa nulla di quello che dici, smettila, quello che devo dire io è molto più importante. È un atteggiamento di enorme scortesia che viene condannato da ogni galateo e che è in grado di fare innervosire subito il tuo interlocutore e di farti fare una figuraccia.

Le conversazioni dovrebbero avere una sorta di ritmo, prima parla uno, poi parla l'altro, poi interviene una terza persona oppure si riceve la risposta alla seconda affermazione e così via. "Prima parla uno e poi parla l'altro" deve essere sempre la regola per ogni conversazione quantomeno civile, altrimenti si dà vita solo a un caos in cui nessuno riesce a capire cosa dice l'altro, non c'è uno scambio di idee e opinioni e si cerca solo di vincere la discussione urlando più forte.

Se il tuo interlocutore ha la tendenza a interromperti mentre parli cerca di mantenere la calma e non irritarti, ma fagli presente in modo cortese ma deciso che questo atteggiamento non è positivo e che tu vorresti solo portare a termine il tuo discorso nel più breve tempo possibile, per poi lasciare a lui tutto il tempo necessario per dire quelle cose così urgenti da non essere nemmeno in grado di aspettare il proprio turno di parlare.

Se invece hai tu questa pessima abitudine, cerca di controllarti e prima di parlare conta fino a 10 e aspetta che l'altra persona abbia finito di parlare. È uno sforzo minimo che ti darà grandi benefici per la tua reputazione e per il bene della conversazione.

Inoltre imparare a non interrompere le persone mentre parlano è fondamentale per imparare ad ascoltare. Ascoltare è ben diverso da "sentire". Chi "Sente" percepisce solo i suoni ma questi metaforicamente "entrano da un orecchio ed escono dall'altro", mentre chi "ascolta" non solo percepisce i suoni ma capisce quello che l'altra persona vuole dire e può usare le informazioni che ottiene in diversi modi (sempre a fin di bene, mi raccomando). Chi sa ascoltare diventa un amico prezioso e ha migliori occasioni di imparare e di fare carriera nel proprio lavoro. Come disse l'ex presidente degli Stati Uniti Calvin Coolidge, "Nessuno è mai stato licenziato perché ascoltava troppo". Molto spesso in una conversazione o in generale nei rapporti personali parlare è argento, ascoltare è oro.

Questi sono altri consigli generici:

- In una conversazione vai sempre dritto al punto senza dilungarti inutilmente o dare dei dettagli inutili. Più sarai breve e migliore sarà per la conversazione.

- Cerca di non essere ripetitivo, ripetere le cose diverse volte non le farà capire meglio ai tuo interlocutore, lo irriterai e basta.

- Non sussurrare cose all'orecchio di una sola persona in una conversazione di gruppo. Se devi dire qualcosa a quella specifica persona fallo in privato.

- A meno che tu non sia in una riunione di lavoro o in una lezione o presentazione, non usare un lessico troppo tecnico e non parlare di argomenti troppo professionali che non tutti possono capire.

- Cerca di evitare gli argomenti più controversi e polarizzanti (religione, squadra di calcio preferita, opinioni politiche) perché possono generare tensione nella conversazione. Se devi parlare di queste cose cerca di esprimere opinioni moderate e sempre motivate.

- Puoi fare gossip ma senza esagerare.

- Evita di litigare. Se non sei d'accordo con qualcosa puoi dissentire in maniera civile o lasciar perdere.

Le persone non amano cambiare idea (in particolare in un periodo storico dove tutto viene visto con la dicotomia bianco/nero) e detestano essere corrette in pubblico. Se devi correggere qualcuno per delle cose che ha detto fallo in modo educato e dandogli la possibilità di salvare la faccia.

- Non gesticolare mentre parli e non toccare l'interlocutore a meno di non avere un grande livello di confidenza con lui. Toccare una persona significa invadere il suo spazio personale e tanti potrebbero non apprezzare questa cosa. Nei Paesi asiatici toccare una persona è considerato un gesto molto intimo che fanno a malapena le coppie sposate in pubblico, quindi toccare una persona che non si conosce mentre si parla è considerato un gesto incredibilmente maleducato e in grado di mettere a disagio chiunque. Non siamo in Giappone o in Corea Del Sud, è vero, ma in ogni caso non toccare nessuno che non conosci mentre parli. Meglio mettere le mani in tasca.

- Ringrazia sempre l'altra persona per il tempo che ti ha dedicato.

Forse mi sono dilungato troppo con i consigli, ma fare conversazione è una cosa fondamentale nella nostra società ed è uno dei momenti in cui si deve usare il galateo nel modo migliore. Metti in atto tutti questi consigli e le tue conversazioni miglioreranno notevolmente sia dal punto di vista della qualità che dell'impressione che farai agli altri. Sarà per loro un vero piacere fare conversazione con te.

Cosa non dire nelle conversazioni

In uno dei consigli che ti ho dato ho detto di evitare alcuni argomenti nelle tue conversazioni. Non voglio assolutamente ergermi a censore e dirti quello che puoi e quello che non puoi dire nelle tue conversazioni, ci mancherebbe altro, ma è indubbio che non si può dire proprio tutto quello che ti passa per la testa in una conversazione, anche con persone con cui hai una certa confidenza.

È doveroso quindi spendere qualche parola per parlare degli argomenti che è meglio evitare in una conversazione per non scadere nel volgare e mettere a disagio o anche infastidire il tuo interlocutore.

Sparlare di chi è assente

In una canzone intitolata Una sera con gli amici, il gruppo "Elio e le Storie Tese" racconta in maniera ironica i dubbi di una persona abituata a sparlare degli amici che non sono presenti quella sera, e poi arriva alla conclusione che probabilmente gli amici sparleranno di lui nello stesso modo ogni volta che sarà assente. La conclusione è una sola: per evitare di essere vittima di pettegolezzi e di malelingue è necessario esserci sempre.

Ironia a parte, è vero che si ha spesso la brutta tendenza di sparlare delle persone che in quel momento non ci sono. Si tratta di un atteggiamento molto maleducato e anche vigliacco (perché non dire quelle cose in faccia alla persona? La cosa importante è che siano delle critiche costruttive) da un certo punto di vista.

Ci sta la presa in giro bonaria di tanto in tanto ma mai la critica a qualcuno che non può avere il diritto di replica, perché in quel caso non è più una critica ma è solo una calunnia, un attacco diretto a chi non ha occasione di rispondere.

Purtroppo in queste occasioni si tira fuori il peggio di sé, non si ha il freno inibitore della presenza dell'altra persona e ci si lascia andare a commenti orribili e degradanti. È un atteggiamento che devi assolutamente non avere nelle tue conversazioni sia evitando di criticare chi non è presente (le critiche costruttive sono sempre consentite e se l'altra persona non è in grado di accettarle non è un tuo problema) e non prestandoti a fare da ascoltatore per chi invece si comporta in questo modo, specialmente se la persona che riceve le critiche è un tuo amico o un amico di entrambi.

Anche perché è molto probabile, come dice la canzone, che il soggetto di questa pratica fastidiosa e maleducate sia anche tu quando non ci sei. Immagino che sia una cosa che ti dà molto fastidio, vero? Se la risposta è "Si" allora evita tu per primo di sparlare degli altri quando sono assenti e di' chiaramente che non ti interessa parlare di queste cose quando qualcuno entra in questo tipo di discorsi. Il principio del "tratta gli altri come vorresti essere trattato" è sempre valido in ogni campo della vita e, anche se non ti garantirà di non finire vittima del pettegolezzo quando non ci sei, ti permetterà di avere la coscienza pulita, di mantenere la tua coerenza e di osservare il galateo e il rispetto che si deve a tutte le altre persone.

Dettagli intimi della tua vita sessuale

Questo è un pessimo argomento di conversazione, contrario a ogni regola del galateo.

La tua vita sessuale è l'aspetto più intimo e personale della tua vita (e anche di quella del tuo partner) e devi trattarla con il massimo rispetto. L'atto sessuale (nonostante sia costantemente svilito da cattivo gusto e pornografia) rappresenta la massima intimità possibile per due persone e significa che il partner ti concede fiducia e vuole darti piacere. Quello che succede a letto deve rimanere nella stanza e al massimo essere oggetto di discussione solo con la persona interessata.

Ci sono tante persone che però ragionano pensando che raccontare le loro avventure sessuali sia una cosa corretta e che li faccia apparire come dei seduttori, tipi "cool" da prendere come esempio, ma in realtà queste persone sono solo enormemente maleducate e non hanno il minimo rispetto dell'intimità del partner raccontando (anche a persone fidate, non necessariamente a degli sconosciuti) i dettagli più intimi della loro vita sessuale.

Si tratta di un comportamento meschino che tradisce la fiducia che viene data e che mette anche a disagio l'interlocutore. A nessuno frega nulla di quello che fai a letto o del trucco per un fantastico sesso orale che hai scoperto o della tua conquista in discoteca dell'altra sera, e sentire le tue peripezie a letto li metterà a disagio e ti renderai solo ridicolo.

Evita assolutamente di parlare dei dettagli della tua vita privata e sessuale con altre persone per non fare una pessima figura o causare fastidio a tutti. Puoi parlare di questi argomenti solo con il partner, con un medico in caso di problemi o se sei Rocco Siffredi (e in quel caso parleresti di lavoro).

Argomenti che scatenano polemiche

Ho un amico che la pensa esattamente al contrario di me su diversi argomenti, dalla politica allo sport. Ogni volta che parlavamo si finiva inevitabilmente a parlare di argomenti spinosi dove le nostre opinioni erano molto distanti, si generava una certa tensione e si poteva finire facilmente a litigare.

Nel corso del tempo abbiamo capito che questo atteggiamento non portava nulla di buono e che poteva solo rovinare il nostro rapporto di amicizia. Alcune delle cose che lui diceva mi mettevano fortemente a disagio, alcune delle cose che dicevo io lo facevano innervosire molto e la situazione ogni volta era carica di nervosismo da entrambe le parti.

Ogni persona ha il sacrosanto diritto ad avere le sue opinioni (che sono molto diverse dai fatti), giuste o sbagliate che siano, e ha il diritto di esprimerle fino a quando non violano la legge. La situazione con il mio amico stava rapidamente andando fuori controllo e abbiamo deciso di risolverla applicando il galateo e il buon senso.

Ci sono degli argomenti che possono scatenare delle controversie tra di noi? Bene, evitiamo di inserirli all'interno della conversazione per il bene di tutti. Questo non significa aggirare i problemi, si può sempre parlare di quegli argomenti (non è scritto da nessuna parte di evitarlo per sempre), ma comunque di non affrontarli costantemente per non mettere a disagio l'altra persona.

Usa questo consiglio specialmente con le persone con cui hai più confidenza e di cui conosci passioni e argomenti che detestano, e in questo modo renderai molto più piacevoli le conversazioni tra di voi. Se devi parlare con degli sconosciuti o con persone che non conosci molto bene allora il trucco è quello di parlare sempre di argomenti generici in modo da non correre il rischio di infastidire nessuno.

Non dare consigli se non sono richiesti

Spesso le persone fanno conversazione per conoscere le opinioni dell'interlocutore e per chiedere dei consigli su come comportarsi in diverse situazioni. È una cosa perfettamente normale e dovresti essere molto contento del fatto che qualcuno voglia ricevere dei consigli da te perché significa che ti tiene in grande considerazione e ti considera una persona degna della massima fiducia e da cui è possibile imparare qualcosa.

È una grande cosa, devi essere orgoglioso di te se qualcuno ti chiede dei consigli.

Però c'è una cosa che devi evitare di fare: dare sempre dei consigli "come se fossi Gesù nel tempio" per parafrasare Fabrizio De Andrè in Bocca Di Rosa. I consigli sono utili e fanno piacere sempre, ma solo se sono richiesti.

Purtroppo ci sono tante persone che commettono l'errore (molto probabilmente nella maggior parte dei casi è un errore in buona fede, ma sempre errore rimane) di dare dei consigli non richiesti apparendo impiccione e generando un grande fastidio nell'interlocutore.

È un atteggiamento molto fastidioso che ti farà passare per una persona arrogante. A che titolo ti arroghi il diritto di dare consigli non richiesti? Stai pur certo che se qualcuno volesse dei consigli te li avrebbe sicuramente chiesti direttamente e se non lo ha fatto significa che, a torto o a ragione, non ha interesse nel sapere quello che tu faresti in una determinata situazione.

Resisti sempre alla tentazione di dare consigli quando non è richiesto (anche se lo fai in buona fede è una violazione del galateo) e se qualcuno ti dà qualche consiglio che non hai richiesto sii gentile e ringrazialo per quello che fa, ma fagli anche capire che non era necessario farlo. Una specie di "bravo, ma basta".

Esprimere giudizi sulle persone e chiedere agli altri di farlo

Sono sicuro che hai un giudizio per ogni persona che conosci e con cui hai a che fare ogni giorno. C'è quello simpatico, l'amico, il lavativo, il pignolo, il capo esigente, lo stronzo che vuoi il più lontano possibile da te, il collega spione, la ragazza che se la tira e crede di averla solo lei, il bello e scemo e così via.

È normale dare giudizi alle persone che fanno parte della tua vita, è anche un modo che il cervello usa per catalogarli e stai pur certo che tutti hanno un loro giudizio su di te.

Il problema di questo giudizio è che è parziale. Significa che è un giudizio che hai maturato solo sulla tua esperienza diretta con queste persone, limitata nel tempo e da un preciso contesto. Ci sono persone che sul lavoro possono apparire stronze, esigenti o molto precise, e che fuori dall'ufficio cambiano completamente. Non puoi pensare che un direttore possa comportarsi come l'ultimo dei facchini di un'azienda, per esempio, anche per il ruolo che ricopre e per le responsabilità di cui è investito.

Oppure ci sono persone che sono romantiche con il partner ma aggressive con chi conoscono a causa di un carattere particolarmente chiuso o per delle esperienze negative vissute in passato. Il tuo giudizio sarà quindi viziato da una serie di fattori, e ci saranno senz'altro delle persone che avranno delle opinioni e dei giudizi radicalmente diversi dal tuo, ed è perfettamente normale (hanno una differente sensibilità, esperienze diverse, conoscono la persona da più o meno tempo, hanno un differente punto di vista sulle cose). Ho conosciuto persone che sono apertissime con gli amici e molto diffidenti con gli altri, così come della gente mi ha detto che si erano fatti un'idea sbagliata di me per via del mio carattere tranquillo e riservato (pensavano che fossi noioso ma hanno visto che quando entro in confidenza con una persona mi apro senza problemi), così come ho conosciuto personaggi che sui social indossavano una "maschera" e scrivevano frasi aggressive ma che poi di persona erano tranquilli e ragionevoli.

Insomma, tutte le persone hanno una differente opinione su tutte le persone con cui vengono a contatto ma non tutti sanno accettare il giudizio degli altri. Questo consiglio si ricollega al primo che ti ho dato in questa sezione (non parlare male di chi non è presente) e voglio dirti di non giudicare le persone che non ci sono in quel momento e di non dirlo durante una conversazione.

Potresti non sapere che rapporto di amicizia o di lavoro intercorra tra queste persone e rischieresti seriamente di offenderle a causa di un giudizio che è per forza di cose parziale. Non voglio dirti di non giudicare le persone, ma di tenere per te le tue opinioni e di formularle solo in presenza del diretto interessato e magari sotto forma di critica costruttiva.

Il pericolo di offendere qualcuno con dei giudizi parziali è molto reale e quindi è meglio seguire il galateo e non esprimere mai dei giudizi se non si hanno in mano tutti gli elementi necessari per arrivare a una conclusione dettagliata. Ricordati anche quello che ha detto Gesù: "Non giudicare per non essere giudicato". Se proprio vuoi esprimere dei giudizi parziali allora fallo solo in presenza delle persone con cui hai la massima confidenza, chiedendo loro di tenere quello che stai per dire per loro senza divulgarlo in giro. È comunque una forzatura del galateo dato che è molto meglio non dare giudizi su nessuna persona e su nessuna situazione a meno di non essere coinvolti in prima persona.

Come comportarsi a tavola

Il galateo è molto dettagliato per quanto riguarda i comportamenti da tenere a tavola. Tutti i giorni mangiamo diverse volte e possiamo violare anche senza volerlo diverse regole di comportamento. Ogni volta che ti trovi al ristorante sia per lavoro che per qualche appuntamento romantico ricordati di rispettare queste regole di comportamento:

1. Quando sei a tavola non dovresti avere nessuna distrazione e concentrarti solo sul cibo che stai mangiando. Questo significa che devi perdere la brutta abitudine di mangiare con il cellulare di fianco e controllarlo ogni volta che emette un suono o tra una portata e l'altra. Spegni il cellulare o lascialo in tasca e controllalo solo alla fine del pasto. Se non controlli le notifiche per tutta la durata del pranzo non cascherà di certo il mondo.

2. Prima di sederti a tavola lavati sempre le mani o in alternativa usa il gel igienizzante. Alcuni ristoranti offrono ai clienti anche delle salviettine igienizzanti.

3. Non sederti mai troppo vicino al tavolo ma nemmeno troppo lontano. Fai in modo di essere comodo.

4. Non appoggiare mai i gomiti sul tavolo, è segno di grande maleducazione. Allo stesso modo non allungare le gambe sotto al tavolino come se stessi sdraiato. Ricordati che sei in un ristorante o in casa di qualcuno, non sei a casa tua dove puoi anche dimenticarti le regole del galateo.

5. Sei una persona adulta e si presume che tu sappia usare un tovagliolo nel modo corretto. Questo significa non mettere il tovagliolo nel colletto a mo' di bavaglio (non sei un neonato, è una cosa imbarazzante a meno che non sia un piccolo scherzo di qualche secondo che però ti sconsiglio di fare in una cena di lavoro o in un appuntamento galante) ma mettere il tovagliolo aperto sulle ginocchia (per proteggere i pantaloni da eventuali schizzi o cadute di cibo) e portarlo alla bocca solo quando è necessario. In sintesi, meno si vede il tovagliolo e meglio è.

6. Quando la Regina Elisabetta ha ospiti a cena è prassi aspettare che la Regina inizi a mangiare per poter iniziare il pasto, e smettere tutti di mangiare quando la Regina termina. Non devi essere così rigido alla regola ma è buona educazione aspettare che tutti i commensali siano serviti e che i padroni di casa inizino a mangiare per mangiare a tua volta. Puoi mangiare quando non tutte le persone sono state servite solo se i padroni di casa ti invitano espressamente a farlo.

7. A tavola si usano sempre le posate per tutti i piatti. L'unica cosa che è consentito prendere con le mani è il pane, cercando di fare meno briciole possibile.

8. Nei Paesi del sud-est asiatico è consuetudine quella di emettere rumori con la bocca mentre si mangia perché viene considerato un grande segnale di apprezzamento del cibo. Dato che sei in Italia ricordati che non devi mai emettere questi suoni con la bocca quando mangi del cibo perché è una pratica considerata molto maleducata. Lo stesso vale per i rutti, non è una cena di un

cinepanettone e il rutto libero di Fantozziana memoria non fa ridere nessuno.

9. Purtroppo Instagram ha reso questa pratica molto comune e accettata, ma in realtà è contro al galateo fare foto mentre si mangia. È indifferente se le foto sono dei commensali o dei piatti che stai mangiando, in ogni caso è una pratica maleducata. Puoi fare una foto ricordo della serata alla fine della cena.

10. Non fare mai scarpetta con il pane quando mangi la pasta. Prova a raccogliere il sugo avanzato con la pasta mentre stai mangiando o con la forchetta, ma non farlo mai con il pane.

11. Mastica sempre a bocca chiusa. Quando ero bambino mi divertivo a fare uno scherzo ai miei genitori. Gli chiedevo se volevano vedere "l'incidente in galleria" mentre stavo mangiando. I miei genitori dicevano di sì e io aprivo la bocca facendo vedere tutto il cibo che stavo masticando. I miei ridevano ma mi raccomandavano anche di non farlo in pubblico. Ho sempre seguito il loro consiglio e fallo anche tu. Mastica senza far

rumore e a bocca chiusa, nessuno vuole vedere l'incidente in galleria.

12. Porta sempre la forchetta o il cucchiaio alla bocca (mai il coltello, serve solo per tagliare) e non piegare mai la testa. Deve essere il cibo a venire da te e non il contrario.

13. Non si parla mentre si sta mangiando.

14. Si deve bere a piccoli sorsi e solo dopo aver ingerito la porzione di cibo.

15. Non succhiare gli spaghetti dal piatto come si vede fare in certi film comici. È necessario arrotolarli attorno alla forchetta e poi portarli alla bocca.

16. Esiste un codice per comunicare ai camerieri se si desidera mangiare altro o se si può terminare il pasto e non si desidera altro cibo. Se sei sazio metti le posate parallele sul piatto, se il pranzo può continuare metti le posate in modo che le punte si tocchino e i manici siano leggermente divaricati, come se fosse una sorta di triangolo.

17. Non allungarti e non alzarti dal tuo posto se non riesci a raggiungere qualcosa (un piatto di portata, il cestino del pane, una bottiglia) ma chiedi con

educazione a un commensale di passarti quello che desideri.

18.   Taglia il cibo solo quando lo stai per mangiare, è considerata maleducazione fare a pezzi tutto il cibo prima di mangiarlo.

19. Quando prendi qualcosa da un piatto di portata assicurati di farlo con le posate che si trovano sul piatto di portata e non con le tue personali. Può sembrare un consiglio banale ma è un errore che tanti fanno e che non è per nulla igienico.

20.   Non prendere mai troppo cibo tutto in una volta, è meglio prendere delle porzioni piccole e fare il bis piuttosto che prendere troppo cibo tutto assieme e rischiare di buttarlo via.

21. Quando ti versi da bere chiedi anche ai tuoi vicini di posto se lo desiderano.

22.   A tavola ovviamente non si può fumare e si dovrebbe evitare la spiacevole consuetudine di alzarsi da tavola per andare fuori a fumare tra una portata e l'altra. Se proprio non si riesce a resistere alla necessità di fumare una sigaretta allora è necessario chiedere il consenso del padrone di

casa. Cerca comunque di fumare il meno possibile, non solo a tavola ma anche per una questione di salute, e non mettere mai il pacchetto delle sigarette sul tavolo per nessun motivo.

23.   Ci si deve alzare dal tavolo solo a pranzo terminato o per andare in bagno.

24.   Puoi parlare con gli altri commensali solo tra una portata e l'altra e sempre con un tono di voce basso e moderato.

25.   Non portare alla bocca il cucchiaino con cui hai mescolato il caffè. Ogni posata deve essere portata alla bocca solo se devi mangiare.

26.   Se a tavola si serve del vino non esagerare. La cosa peggiore che puoi fare è quella di ubriacarti e di metterti in ridicolo. Soltanto i ragazzini si ubriacano a tavola (i miei amici lo facevano sempre quando eravamo adolescenti nelle feste di compleanno in pizzeria), ma è un comportamento inaccettabile per una persona adulta.

27.   A tavola bisogna mangiare piano, non avventarti sul cibo come se non mangiassi da una

settimana o come se tu avessi solo pochissimi minuti per mangiare. Il cibo deve essere gustato lentamente (ma non troppo) e mangiare piano è il modo migliore per aiutare la digestione, sentirsi sazi e mangiare meno. Ingurgitare troppo cibo velocemente ti farà solo sentire pieno di cibo e la digestione sarà più lenta. Idealmente dovresti masticare la porzione di cibo sette volte prima di ingoiare il boccone.

28.   Se devi tossire o starnutire allontanati dalla tavola. Non c'è cosa peggiore e anti igienica che tossire o starnutire sul cibo.

29.   Fai sempre apprezzamenti sul cibo, anche se non ti piace, in modo da mostrare rispetto per il padrone di casa.

30.   Non forzare mai qualcuno a mangiare se non gli va.

31.Se hai il piatto di portata in mano servi prima le signore.

32.   Gli animali domestici sono bellissimi, veri amici da coccolare (io ho una gatta) ma non devono avvicinarsi alla tavola mentre si mangia e

non devi accarezzarli e poi toccare il cibo. Solitamente gli animali domestici si avvicinano alla tavola perché sanno che riceveranno del cibo quindi non prendere mai l'abitudine di dare loro qualcosa da mangiare. Devono imparare che l'unico luogo della casa dove possono trovare il cibo deve essere la loro ciotola.

33.   Non usare lo stuzzicadenti quando sei a tavola, se devi toglierti dei residui di cibo dai denti vai in bagno dove puoi farlo senza che nessuno ti veda.

34.   Non leccarti mai le dita, non fare come nella pubblicità del celebre brand di snack al formaggio.

35.   Durante le conversazioni tra le varie portate non raccontare storie tristi (tizio malato, tizio morto, eccetera) o truculente che rischiano di rovinare l'appetito a tutti. Parla di cose allegre o del cibo che hai mangiato. Almeno a tavola cerca di dimenticare i problemi della vita e goditi solo il cibo. Non parlare anche dei tuoi problemi di salute.

36.   Non litigare a tavola e non alzare mai la voce.

37.   Non riempire mai il bicchiere fino all'orlo, in modo da non correre il rischio di fare uscire la bevanda e macchiare la tovaglia.

38.   Non criticare il cibo che stai mangiando.

39.   Il cibo non va mai sprecato. Per questo motivo il galateo consiglia di mangiare sempre piccole porzioni di cibo (in modo da non sprecarlo). Cerca sempre di finire quello che hai nel piatto.

40.   Per evitare scontri con gli altri commensali è regola di galateo sedersi entrando dalla parte sinistra della sedia e alzarsi dalla parte destra.

Queste regole hanno un solo scopo: permettere di concentrare tutte le tue attenzioni sul cibo e dargli il rispetto che merita. Ci sono tante persone meno fortunate di te che non possono assolutamente permettersi quello che tu mangi, delle persone hanno lavorato per creare quello che tu hai nel piatto e degli animali hanno dato la vita per essere il tuo cibo.

Il galateo ti vuole mettere nelle condizioni di apprezzare tutto questo e di dare al cibo il rispetto e la considerazione che merita.

Galateo e ambiente

Ormai i cambiamenti climatici sono una spiacevole realtà con cui dobbiamo avere a che fare e la gente ha una maggiore sensibilità verso i temi ecologici: il galateo non poteva non essere aggiornato anche su queste tematiche. Ecco alcuni consigli utili per ridurre al minimo il tuo impatto ambientale e rispettare le regole del galateo.

- Sarebbe meglio non fumare sia per una questione economica che di salute, ma se non riesci a smettere allora cerca sempre di non gettare a terra il mozzicone della sigaretta che hai fumato. I mozziconi ci mettono decine di anni a decomporsi e possono essere mangiati dagli animali mettendo a rischio la loro vita, e inoltre è bruttissimo vedere le strade tutte sporche di mozziconi di sigaretta. Getta i mozziconi spenti in un portacenere, in un cestino dei rifiuti oppure compra un contenitore portatile in cui gettare i mozziconi di sigaretta quando sei in giro. L'ambiente è anche la tua casa e tu non vuoi vivere in una casa sporca, vero?

- Non sprecare mai acqua, non gettarla a terra e non lasciare mai il bicchiere pieno quando sei a tavola.

- Pratica sempre la raccolta differenziata e non gettare i rifiuti a casaccio.

- Non buttare i rifiuti nei bidoni delle altre persone, usa solo i tuoi.

- Usa l'auto solo se è proprio indispensabile farlo. Nelle altre situazioni puoi andare a piedi o usare una bicicletta.

- Cerca di ridurre l'uso della plastica acquistando prodotti imballati con carta ed elimina piatti e posate monouso. Assicurati di riciclare tutta la plastica che usi, appallottola tutti gli imballi per fargli occupare meno volume e appiattisci tutte le bottiglie assicurandoti di mettere anche il tappo (i sensori riconoscono più facilmente le bottiglie se sono appiattite e quindi è più facile riciclarle).

Come vedi non sono norme di comportamento troppo difficili, sono solo piccole cose che puoi mettere in atto per fare la tua parte e migliorare la situazione del pianeta. Non pensare che sia tutto inutile e che il tuo contributo non possa far cambiare le cose. Ogni persona può fare la differenza e rendere il suo angolo di mondo un posto migliore. Se tutti lo facciamo allora la situazione potrà cambiare davvero.

Galateo a casa

La nostra casa è il luogo dove viviamo, ci riposiamo e possiamo anche "lasciarci andare" alleggerendo le regole del galateo, ma questo non significa che la casa sia un territorio senza regole dove puoi fare quello che ti pare.

Il galateo a casa può essere più rilassato ma non significa che non ci sia, e queste sono alcune delle regole che devi rispettare, specialmente se ricevi ospiti o se devi andare a casa di qualche amico:

1. La tua casa deve essere sempre pulita e profumata perché sarà la prima cosa che i tuoi ospiti vedranno di te. Ho conosciuto persone che vivevano in case sporche e con aria viziata, e con il tempo nessuno è più voluto andare da loro per via delle pessime condizioni igieniche in cui vivevano.

2. In bagno deve essere presente sempre un asciugamano per gli ospiti. Non è igienico per loro asciugarsi le mani con il tuo stesso asciugamano.

3. Quando vai a casa di qualcuno cerca di arrivare in anticipo ma non troppo (in modo da dare al padrone di casa il tempo per prepararsi). Puoi avvisare quando stai per arrivare in modo da permettergli di terminare la loro preparazione. Arrivare troppo in anticipo è altrettanto scortese che arrivare in ritardo.

4. Se arrivi in ritardo avvisa il padrone di casa e la prima cosa che dovrai fare una volta arrivato sarà porgere le tue scuse.

5. Informati se i tuoi ospiti hanno delle allergie a qualche cibo o al pelo degli animali domestici. Dato che inviti delle persone a casa tua hai il dovere in quanto padrone di casa di garantire il massimo comfort per i tuoi ospiti, quindi non servire i cibi a cui sono allergici, metti gli animali domestici in una stanza in cui non possano interagire con l'ospite allergico e pulisci la casa con la massima cura per rimuovere tutti i peli. Se sei tu ad essere allergico a qualcosa devi comunicarlo ai padroni di casa che hanno il dovere di metterti a tuo agio.

6. Quando si viene invitati in casa di qualcuno è buona educazione presentarsi con qualcosa (un dolce, una bottiglia di vino, un regalo) per ringraziare di essere stati invitati. Se inviti qualcuno in casa e ricevi un dono aprilo subito, non a fine serata.

7. Quando hai ospiti a cena è buona educazione quella di servire prima loro e di spegnere la televisione. Segui anche tutte le altre regole di galateo a tavola che hai già letto per non rischiare di fare figuracce.

8. Se ricevi gente a casa cerca di essere pronto almeno 10/15 minuti prima dell'orario indicato per l'appuntamento.

9. D'inverno riscalda la casa in anticipo in modo che gli ospiti possano entrare in una casa calda. L'estate fai in modo che la tua casa sia fresca.

10.	Meglio abbondare con il cibo che puoi offrire agli ospiti. Gli avanzi possono essere sempre mangiati il giorno successivo, meglio non rischiare di non avere abbastanza cibo da offrire ai tuoi ospiti.

11. È compito del padrone di casa prendersi cura di cappotti e borse degli ospiti indicando dove possono sistemarli. Non è buona educazione metterli sul letto ma puoi farlo se è il padrone di casa a indicartelo.

12. Se a casa ci sono delle persone che non si conoscono tra di loro è dovere del padrone di casa presentarle.

13. In casa puoi adottare un abbigliamento più "rilassato" ma cerca sempre di non rimanere mai a petto nudo o girare in biancheria intima. Se vuoi farlo assicurati che nessuno dei vicini possa vederti.

14. Ascolta musica ad alto volume solo nella fascia oraria tra la tarda mattinata e il secondo pomeriggio. Dopo le dieci di sera ascolta musica a alto volume solo con le cuffiette per non disturbare i vicini di casa.

15. Allo stesso modo non guardare televisione a un alto volume dopo le dieci di sera.

16.Non metterti a fare le pulizie in tarda serata, specialmente se usi degli elettrodomestici rumorosi come idropulitrici o aspirapolveri.

17.Se hai un antifurto puoi spiegare a un vicino fidato come disattivarlo nel caso l'allarme scattasse per qualche motivo (calo di tensione, animali domestici). Gli antifurto di nuova generazione ti permettono di controllare tutto dallo smartphone e potrai vedere anche se e quando il vicino entra in casa. Se non ti fidi del vicino chiedi a un familiare di disattivare l'allarme in caso di problema e di tua impossibilità di intervenire al più presto. Se la sirena dell'allarme causa dei fastidi ai vicini di casa scusati il prima possibile.

18.   Se hai ospiti a casa e sei stanco cerca di non sbadigliare e maschera la tua stanchezza in qualche modo. Gli ospiti che conoscono il galateo sanno che non è educato trattenersi per troppo tempo a casa delle persone. Se sei tu l'ospite cerca di andare via dopo qualche ora in modo da non abusare troppo dell'ospitalità che ricevi.

19. La prima volta che vieni invitato a casa di qualcuno porta una pianta come regalo e ringrazia il padrone di casa per l'ospitalità il giorno successivo.

20. Se hai ospiti in casa non rispondere al telefono e non intrattenerti con lo smartphone durante le conversazioni. Avrai tempo di farlo quando tutti gli ospiti saranno andati via.

21. Se ci sono delle ragazze ospiti da te quando escono di casa accompagnale alla loro vettura.

22. Dai del "tu" alle persone con cui hai confidenza mentre dai del "lei" agli anziani e a chi non conosci ed è più anziano di te.

23. Appena entri in casa delle persone pulisciti le scarpe e vai in bagno a lavarti le mani. Se sei bagnato dalla pioggia lascia fuori l'ombrello e cerca di sporcare la casa il meno possibile.

24. Non litigare mai con qualcuno quando sei ospite. Anche se si dovesse parlare di qualche argomento controverso non perdere la calma e ricordati sempre le regole del galateo nella conversazione.

25.   Quando vai via dalla casa in cui sei stato invitato non è necessario salutare tutti, ma è obbligatorio salutare almeno i padroni di casa e le persone con cui si è conversato per la maggior parte del tempo.

26.   Se è presente un rinfresco non iniziare a mangiare fino a quando non saranno arrivati tutti gli ospiti.

27.   Se qualche ospite è in ritardo non manifestare apertamente la tua irritazione di fronte a tutti gli ospiti.

28.   Non criticare la casa e l'ospitalità dei padroni di casa. La regola d'oro è discrezione. Se devi criticare fallo solo in privato.

29.   Non è corretto imporre i tuoi orari e le tue abitudini ai tuoi ospiti o quando sei tu ad andare in casa delle persone. Se vai a Roma fai quello che fanno i Romani, dice il proverbio. L'unica eccezione è se devi rispettare degli orari per assumere delle medicine.

30.   Se ci sono ospiti di etnie diverse, o con credenze religiose che impediscono loro di

mangiare certi cibi, è tuo dovere di padrone di casa accontentare questi ospiti servendo del cibo che loro possono mangiare. È grande maleducazione trascurare queste richieste perché non sono capricci personali ma limiti imposti dalla loro religione o dalla loro cultura.

31. Puoi mettere una musica di sottofondo per intrattenere i tuoi ospiti ma è importante che sia a un volume basso per non disturbare e impedire la conversazione.

32. Se devi litigare o fare una discussione con dettagli sensibili chiudi le finestre in modo da non rendere partecipi di queste cose anche i tuoi vicini di casa. Per anni ho avuto come vicini di casa una famiglia che ignorava questa semplice regola di educazione e rendeva partecipe tutto il vicinato delle loro discussioni. Può essere un diversivo divertente la prima volta ma diventa fastidioso molto velocemente.

33. Se cucini fai in modo di non far uscire dalla finestra tutti i fumi della cottura delle pietanze.

34.   In casa indossa pantofole, babbucce, ciabatte o infradito solo in presenza dei tuoi familiari. Se hai ospiti indossa le scarpe.

35.   Non è necessario vestirsi in modo elegante in casa. Se sei in famiglia puoi anche indossare una vecchia felpa o una tuta, se ricevi ospiti è perfetto un look semplice (jeans e maglietta). In casa non è necessario essere troppo formali.

36.   Quando sei invitato a casa di qualcuno non toccare gli oggetti sulle mensole senza permesso.

37.   Se vai in casa di persone che hanno bambini porta un regalo anche per loro. Un gioco è perfetto.

38.   Se inviti qualcuno che ha bambini assicurati che i piccoli possano divertirsi ed eventualmente prepara un menu personalizzato per loro.

39.   In casa non si fuma. Se sei solo fuma solo su un terrazzo o nel giardino, e se hai ospiti in casa sii rigido nel fare rispettare questa regola. Se sei ospite di qualcuno chiedi permesso per andare fuori a fumare e cerca di farlo il meno possibile.

40.   Non è educato auto invitarsi a casa delle persone indipendentemente dal livello di confidenza che hai con quelle persone. Dai un giusto preavviso alle persone e chiedi se puoi passare da loro.

Queste regole hanno lo scopo di farti vivere la casa nel modo migliore, trasformandola in un luogo dove potrai rilassarti e dove sarà possibile accogliere tutti i tuoi ospiti nel modo migliore. Le regole dell'ospitalità sono sacre in tutte le versioni del galateo e quella moderna non fa eccezione in questo. Rispettale sempre e le persone accetteranno con grande entusiasmo tutti i tuoi inviti.

Galateo nel mondo del lavoro

Il posto di lavoro è il luogo in cui si trascorre la maggior parte del proprio tempo (dopo la casa) e i colleghi di lavoro diventano le persone con cui si interagisce maggiormente nel corso della nostra giornata. Dobbiamo lavorare per guadagnare soldi e tutti vogliono fare carriera e cercare di farne il più possibile. L'ambiente di lavoro può essere un luogo idilliaco così come un luogo molto stressante dove giochi di potere e complotti per ottenere favori e promozioni la fanno da padrone. È molto importante sapersi muovere nel modo migliore nell'ambiente lavorativo, non solo per fare il massimo nel minor tempo possibile (e bene, chiaramente), ma anche per avere un ottimo rapporto con i colleghi e con i superiori e quindi per lavorare nel modo migliore.

Il mondo del lavoro è in costante cambiamento, diverse persone stanno facendo lavori che non esistevano 10 anni fa ed è estremamente probabile che i tuoi figli faranno dei lavori che non sono ancora stati inventati. Il mondo del lavoro è molto liquido e il galateo deve essere in grado di adattarsi ai suoi cambiamenti.

Ecco quindi delle regole infallibili per rispettare il galateo sul posto di lavoro.

1. Quando ti presentano qualcuno alzati dal tuo posto e porgigli la mano con un sorriso. Dovrai interagire con ogni collega ed è importante stabilire fin da subito un rapporto di lavoro civile e propositivo dove ogni persona collabora con l'altra e non cerca di sopraffarla e di fargli fare delle figuracce.

2. Quando lavori non devi avere delle distrazioni di nessun tipo. Non sei pagato per navigare sui social network o per mandare messaggi su WhatsApp. Puoi fare queste attività quando sei in pausa pranzo, ma quando sei a lavoro non puoi avere distrazioni.

3. Quando parli con delle persone che non conosci presentati con il tuo nome e il ruolo che hai in

azienda, in modo che loro capiscano subito con chi hanno a che fare.

4. Prima di iniziare a lavorare per l'azienda informati sul loro dress code e chiedi se ti forniranno loro delle divise. Quando vai a lavoro devi avere il vestito sempre pulito. Indipendentemente dal tuo ruolo in azienda il tuo look la rappresenta, e lavorare con degli abiti sporchi non è la migliore immagine per l'azienda. Inoltre alcune persone non ti prenderanno sul serio sul posto di lavoro se non sei vestito nella maniera adeguata.

5. Ringrazia chi ti sta aiutando solo al termine della conversazione. Ringraziare troppe volte può essere male interpretato come un tentativo di ottenere qualche favore e sembrerai solo un lecchino.

6. Tratta tutti con il massimo rispetto, partendo dal CEO fino ad arrivare all'ultimo dei facchini. Tutte queste persone stanno lavorando e meritano il massimo rispetto.

7. Quando invii delle mail di lavoro inviale solo al diretto interessato. Puoi mettere a conoscenza

della mail alcune persone che sono coinvolte in quella faccenda ma senza esagerare. Alla fine si tratta di messaggi che non sono direttamente destinati a loro e può venire interpretato come dello spam. Una delle segretarie in un'azienda con cui ho collaborato aveva questa brutta abitudine, e smise solo quando un collega perse il controllo e inviò una mail decisamente aggressiva chiedendo che quel comportamento cessasse all'istante. Non devi arrivare a portare le persone a questo limite, basta solo usare del buon senso e inviare le mail solo a chi ne ha davvero bisogno o è coinvolto in quel progetto.

8. Nelle riunioni non mettere il tuo telefonino sul tavolo e non rispondere alle varie notifiche. La tua attenzione deve essere rivolta al 100% alla riunione. Per ridurre a zero la tentazione spegni il cellulare.

9. Usa un indirizzo mail specifico per il tuo lavoro (un indirizzo professionale), non usare il tuo indirizzo privato per lavoro. Allo stesso modo crea un profilo social apposito per il tuo business.

Cerca di tenere separate la tua vita privata e quella professionale e non permettere che i tuoi problemi privati influenzino la tua resa sul posto di lavoro.

10. Se invii per errore una mail a un destinatario errato, invia subito un messaggio di scuse.

11. Inizia tutte le mail in modo professionale (Buongiorno, Gentile Sig.re, Gentile Sig.ra). Chiama le altre persone per nome (i colleghi) e per cognome i clienti e chi è esterno all'azienda, a meno di non avere un rapporto di confidenza.

12. Quando entri a lavoro saluta tutte le persone che incontri e fai lo stesso quando vai via.

13. La puntualità è fondamentale nel lavoro. Il tempo è denaro e presentarsi in ritardo al lavoro è un grave errore. Certo, ci possono sempre essere degli imprevisti (traffico, ritardo dell'autobus, problemi all'auto), ma il ritardo deve essere l'eccezione e non la regola. Recupera sempre il ritardo che accumuli e scusati con tutti per essere arrivato in ritardo.

14. Non acquistare nulla di troppo costoso per il tuo lavoro (a meno che non sia indispensabile) e non

esagerare con i pasti pagati. Si tratta del denaro dell'azienda, non del tuo e dovrai gestirlo in modo responsabile. Ricordo che dei colleghi avevano ordinato del vino costoso a una cena di lavoro e l'amministratore delegato mascherava a fatica il suo fastidio per quell'ordinazione. I due colleghi vennero richiamati in privato a non fare più spese del genere con i soldi dell'azienda.

15. Quando rispondi al telefono fallo in maniera professionale dicendo il nome dell'azienda, buongiorno e poi presentandoti. Mantieni sempre un tono cordiale e rispettoso e se non sai qualcosa ammettilo, indicando la persona che deve essere contattata per rispondere a quella domanda.

16. Quando lavori non devi bere, è necessario essere sobri.

17. Tieni in ordine il tuo posto di lavoro. Non solo lavorerai meglio ma migliorerai anche l'impressione che gli altri hanno di te.

18.   Cerca di non sporcare il bagno e l'ufficio, svuota i cestini della spazzatura cercando di semplificare il lavoro degli addetti alle pulizie.

19. Nonostante il rapporto di stima che si può creare ricordati che i tuoi colleghi non sono la tua famiglia, quindi limita le confidenze che farai. Potrebbero non interessargli oppure essere usate contro di te. Non lamentarti mai con i colleghi dell'atteggiamento di qualche altro collega o della dirigenza, perché "anche i muri hanno orecchie" e darai una pessima impressione di te. Ricordati quello che ho scritto quando mi sono raccomandato di non sparlare di chi non è presente, e ricordati che stai sparlando delle persone che ti pagano lo stipendio e lo stai facendo davanti a delle persone che hanno tutto l'interesse a farti fuori e a prendere il tuo posto. È un vero atto da kamikaze. Puoi lamentarti delle cose che non funzionano nell'azienda e segnalare chi non si comporta in modo professionale senza problemi ma nel modo adeguato (una mail al reparto risorse umane, per esempio, o scrivendo al CEO in modo educato). Se vuoi sfogarti criticando a parole fallo in famiglia, in modo che quello che dirai non possa essere usato contro di te.

20.   Non perdere mai il controllo mentre stai lavorando. Da te ci si aspetta un comportamento professionale in ogni occasione e un vero professionista non perde mai la calma di fronte a qualche imprevisto. Se qualcosa non va secondo i piani non perdere la calma, se qualche collega commette qualche errore non alzare la voce e non trattarlo in modo arrogante. I professionisti sono pagati anche per non perdere la calma sul posto di lavoro e mettere in imbarazzo tutti. Esercita il tuo autocontrollo per non perdere mai la pazienza sul posto di lavoro indipendentemente da quello che può succedere. Questo non significa che dovrai lasciarti scivolare di dosso tutto quello che succede, se qualcuno ti manca di rispetto (collega o cliente non ha importanza) fatti rispettare con educazione e fermezza, ma senza mai perdere il controllo. Il modo migliore per rispondere alle provocazioni è quello di non perdere la calma e non dare all'altra persona la soddisfazione di averti fatto perdere le staffe.

21. Quando dai qualche ordine a un collega o a un sottoposto non dimenticarti mai di dire "Per favore". Anche se sei il superiore questo non ti autorizza a rivolgerti alle persone in maniera arrogante.

22. Quando critichi il lavoro di qualcuno fai molta attenzione a mettere al centro della critica il lavoro svolto e la qualità di esso e non la persona che lo ha fatto. Nessuno è immune dagli errori e prima o poi anche tu sarai criticato per qualche errore. Vale sempre il principio del trattare le persone come vorresti essere trattato, è un metodo infallibile che sintetizza tante regole del galateo.

23. Prima di entrare nell'ufficio di qualcuno, anche se si è invitati, è sempre buona educazione bussare.

24. Quando incontri un cliente è buona regola dare un piccolo omaggio (un campioncino di un prodotto è più che sufficiente) per fare buona impressione.

25.   Stringi la mano ai clienti quando li incontri e alla fine del tuo appuntamento.

26.   Non essere mai negativo in merito alle decisioni dell'azienda.

27.   Anche se sembra scontato, cura la tua igiene personale prima di recarti in azienda. Dato che lavori per l'azienda in qualche modo la rappresenti, e questo significa che il tuo look deve essere sempre impeccabile.

28.   Non usare computer e cellulare aziendale per delle attività personali.

29.   Fai solo una pausa caffè durante la mattinata, impiegando il più breve tempo possibile.

30.   Se ci sono delle persone che hanno figli o delle situazioni familiari più complicate allora il galateo prevede che siano questi colleghi a poter decidere per primi delle loro ferie.

31. Non timbrare il badge degli altri dipendenti e non spiarli mentre lo fanno.

Quando lavori non stai giocando. Sei pagato da qualcuno che ha investito su di te per svolgere dei determinati compiti e in cambio di quel denaro si aspetta il tuo massimo impegno e un miglioramento delle prestazioni dell'azienda. È tuo dovere quello di lavorare nel modo migliore ogni giorno per meritare quello che hai e ringraziare chi ti ha assunto per la fiducia che ha riposto in te.

Queste regole di galateo sono semplici e ti permetteranno di lavorare in modo produttivo indipendentemente dal lavoro che andrai a svolgere, e miglioreranno notevolmente il rapporto con i tuoi colleghi migliorando la qualità della tua vita. Immagina di essere tu il capo: saresti soddisfatto di un dipendente che si comporta come te?

Rispondi sinceramente a questa domanda e poi applica il galateo per migliorare le tue performance, non è mai troppo tardi per farlo.

Galateo al telefono

Ormai il telefono è diventato parte integrante della nostra vita, al punto che ci sentiamo smarriti senza di esso. Lo smartphone ci permette di fare tutto, chi lavora ha sempre in mano un telefono (specialmente se è un venditore o ricopre un ruolo di responsabilità) e si usa per restare in contatto con gli amici e i familiari.

Esiste un galateo specifico per il telefono? Eccome se esiste, e queste sono le regole principali:

1. Quando devi telefonare a qualcuno devi assicurarti di non disturbarlo. Il galateo prevede che si possa iniziare a telefonare alle persone dalle 09.00 (e dalle 10.00 nel weekend) e mai dopo le 22.00. Questa regola di galateo ovviamente non si applica alle emergenze.

2. È buona regola non telefonare alle persone all'orario dei pasti a meno che non sia l'interlocutore a dirtelo in maniera esplicita.

3. Usa un numero di cellulare per il lavoro e un numero di cellulare per la tua vita privata in modo

da tenerla separata. Se devi chiamare un collega di lavoro è buona educazione chiamarlo solo sul numero di telefono destinato al lavoro e sempre negli orari che ti ho già indicato. Ricordati che i colleghi non sono amici o familiari indipendentemente dalla confidenza che hai con loro, quindi mantieni le relazioni solo sul piano professionale.

4. Non fare rispondere al telefono i bambini a meno che tu non stia chiamando i nonni (e quindi farli giocare). Chi chiama vuole parlare con te e potrebbe non gradire il gioco.

5. Cerca di essere sempre breve nelle tue telefonate. Vai dritto al punto ed esprimi il problema da risolvere o quello che vuoi comunicare al tuo interlocutore nel più breve tempo possibile (senza però omettere nessuna informazione preziosa). Ricordati che chi ti sta ascoltando sta impiegando il tuo tempo, il tempo è denaro e quindi cerca sempre di non farlo perdere agli altri. Questa regola si applica alle telefonate di lavoro, se parli

con la famiglia o gli amici puoi dilungarti al telefono dato che non è una questione di business.

6. Nella regola precedente ti ho detto che per le chiamate personali puoi dilungarti nella conversazione ma questo non significa che si possano fare delle telefonate fiume di mezz'ora o più. In ogni caso cerca di non trattenere per troppo tempo l'altra persona al telefono.

7. Chi effettua la telefonata deve sempre presentarsi per primo. Se non si presenta chiedi con educazione chi sta chiamando e se l'interlocutore continua a non presentarsi puoi interrompere la telefonata.

8. So bene che le chiamate dei call center ad orari improbabili sono estremamente fastidiose ma devi fare del tuo meglio per mantenere la calma e trattare l'operatore che sta lavorando con rispetto. Evita di alzare la voce con l'operatore, di' che non sei interessato a quella proposta e poi chiudi la comunicazione. Ricordati che l'operatore sta solo facendo il suo lavoro e non ti sta disturbando di proposito.

9. Se sbagli numero chiedi sempre scusa.

10. L'unica risposta accettabile quando si inizia una chiamata è il generico "Pronto". In caso di chiamata aziendale aggiungere il nome dell'azienda, il nome di chi risponde e un "Buongiorno".

11. Non si fanno telefonate personali con il telefono aziendale.

12. Al telefono cerca di avere un tono di voce medio, non bisbigliato ma nemmeno urlante. Se effettui una chiamata di natura personale ricordati che le altre persone potrebbero non essere interessate ad ascoltare i fatti tuoi, quindi appartati in un luogo in cui puoi parlare ma senza far sentire a tutti quello che stai dicendo.

13. Prima di dare un numero di cellulare personale a qualcuno è doveroso chiedere il permesso del diretto interessato. Questa regola non si applica nel contesto lavorativo dove un cliente chiede il numero di telefono aziendale di un venditore.

14. Niente ti costringe a divulgare il tuo numero di cellulare (in particolare quello privato) quando

qualcuno te lo chiede. Purtroppo non tutte le persone conoscono il galateo e possono anche avere cattive intenzioni, usando il tuo numero di cellulare per arrecarti fastidio.

15. Se una persona non risponde alla tua chiamata lascia passare del tempo prima di richiamarla (a meno che non sia una questione di vita o di morte). Non bombardarla di telefonate, se non risponde c'è un motivo. Una ragazza un giorno mi raccontò di aver commesso l'errore di aver dato il suo numero di cellulare a un tizio conosciuto su un sito di incontri, e questo tizio l'aveva iniziata a chiamare in maniera ossessiva ogni giorno costringendola a bloccarlo. Insistere nelle chiamate quando una persona non risponde è un gesto di grande maleducazione che invade lo spazio privato dell'altra persona, è come se qualcuno cercasse a tutti i costi di entrare in casa tua.

16. Se devi effettuare delle chiamate di lavoro fallo in orario da ufficio. Non chiamare i tuoi colleghi per motivi lavorativi una volta terminato l'orario di

lavoro, a meno che non si tratti di una questione della massima urgenza che non può essere posticipata.

17. Il cellulare deve essere sempre spento al cinema, in chiesa, in una sala concerti, al museo, negli ospedali, all'università e a scuola, quando si fa attività fisica e durante gli appuntamenti intimi.

18.   In auto bisogna usare il vivavoce (se si è da soli) o gli auricolari (se si viaggia con altre persone).

Queste regole servono per incentivare l'uso consapevole del cellulare, rendendolo uno strumento prezioso per lavorare e per restare in contatto con le persone della tua vita ma allo stesso tempo limitare l'azione invasiva di questo strumento nella tua vita. Cerca di padroneggiare questo strumento senza fargli invadere troppo la tua sfera personale. Sei tu a possedere il telefono, non lui a possedere te.

Galateo sui social e netiquette

I social network ormai sono entrati nella vita di tutti noi assieme all'uso massiccio che facciamo del web. È stato stimato che i ragazzi trascorrono circa 2 ore al giorno sui social network e anche le persone più adulte iniziano a usare sempre più spesso questi mezzi.

Il problema è che nessuno è mai stato davvero educato all'uso del web e dei social secondo le regole del galateo, e quindi è molto facile assumere degli atteggiamenti che possono essere considerati molto maleducati. La netiquette (il galateo digitale) è una delle grandi innovazioni del galateo moderno e queste sono le regole principali per rispettare il galateo nell'era digitale.

1. A meno di non usare il web per lavoro è consigliabile scegliere un nickname e mantenere il proprio anonimato.

2. Quando si scrive si deve evitare di farlo in stampatello (o "caps lock") perché equivale ad urlare e quindi è molto scortese. Se devi usare il maiuscolo fallo per sottolineare una parola o un solo passaggio del tuo discorso, non per tutto il commento.

3. Non usare tantissime faccine nei tuoi messaggi. Fallo per alleggerire i toni della conversazione e alla fine di qualche commento scherzoso ma non inondare il messaggio di emoticon. Nei messaggi professionali non usare mai le faccine.

4. Prima di pubblicare qualcosa sul tuo sito o in un commento rileggilo per individuare degli errori grammaticali.

5. Se citi dei dati o delle testimonianze metti la fonte in modo che chi voglia possa controllare se quello che dici è vero.

6. Prima di condividere qualcosa sui social verifica che quel contenuto sia vero. Condividere delle bufale è un comportamento maleducato se lo fai di proposito, mentre farai solo la figura dello stupido se lo farai in buona fede. In questo periodo di caos

è più che mai indispensabile non condividere notizie non verificate e fare sempre attenzione a quello che si legge.

7. Se invii un messaggio privato a qualcuno e questo utente non ti risponde non bombardarlo di messaggi, è un atteggiamento fastidioso.

8. Non inviare mail di spam a nessuno. Lo spam è il messaggio fastidioso e inutile che nessuno legge, come le catene di Sant'Antonio e gli inviti a fare girare dei messaggi che contengono delle "verità scomode" che nessuno dice.

9. Non taggare le persone in tanti post se loro non interagiscono con essi. Un mio amico mi taggava sempre in contenuti della parte politica che io non apprezzavo ma io non interagivo mai: alla fine gli ho detto di fare caso al fatto che io non partecipavo mai a quelle discussioni. Significava che non volevo farne parte e quell'atteggiamento di taggarmi a tutti i costi in quelle discussioni era solo fastidioso.

10. Non cadere nelle provocazioni dei troll (utenti che provocano di proposito le persone).

11. Discutere online con persone che hanno idee opposte alla tua è fondamentalmente inutile. Anche se posterai dei dati loro non cambieranno mai idea (il web ha la brutta tendenza a polarizzare le opinioni delle persone in modo "o con me o contro di me"). La regola di Dale Carnegie secondo cui l'unico modo possibile per vincere una discussione è quello di evitarla è validissimo nel web. Invece di perdere tempo discutendo blocca la persona che non la pensa come te e non è disposta al dialogo.

12. Cerca di essere sempre gentile sul web. Quello che scrivi può tornare a infastidirti anche dopo mesi o anni. Pensa al caso del regista James Gunn, costretto a dimettersi dalla regia del film I guardiani della galassia 2 quando alcuni suoi tweet contenenti battute di cattivo gusto sulla pedofilia e temi sensibili scritti anni prima sono stati portati all'attenzione della stampa. Gunn si è scusato diverse volte per quei tweet, spiegando che erano provocazioni stupide in cui lui non si riconosce più, ma la cattiva pubblicità ha costretto

la Disney a licenziarlo per proteggere la sua immagine pubblica.

13. Non postare online materiale sensibile come dati personali o foto di natura intima. Quando qualcosa viene condivisa sul web è estremamente difficile farla sparire, e in diversi casi delle persone si sono tolte la vita o hanno perso il lavoro quando delle foto di natura intima hanno iniziato a circolare sul web (solitamente diffuse da ex fidanzati che si sono voluti vendicare della fine della relazione).

14. Non usare un comportamento passivo-aggressivo con frecciatine riferite a qualche persona in particolare ma senza nominarla. La mia ex fidanzata aveva fatto un post sui social dove criticava moltissimo "una persona che riceve in regalo delle cose mentre io mi devo fare il mazzo per guadagnare due spiccioli" ma senza fare nomi. Chi la conosceva aveva capito benissimo a chi si riferiva anche se lei si difendeva dicendo che "non aveva fatto nomi". Tutto questo spettacolo imbarazzante terminò con un litigio online e poi

con un chiarimento tra le due parti in causa che si sarebbe potuto evitare facilmente senza ricorrere a questo atteggiamento passivo-aggressivo di frecciatine.

15. Il web non è una prateria selvaggia senza leggi e stare su dei social network non significa stare in un luogo senza leggi. Sei legalmente responsabile di tutto quello che scrivi e la legge condanna chi diffama le persone sui social e diffonde dati personali senza il consenso dell'altra persona. Prima di fare qualcosa di cui puoi pentirti pensaci non una, non dieci, ma cento volte.

16. Non assumere l'atteggiamento del "maestrino" che corregge le altre persone per degli errori di battitura, è fastidioso, colpisce l'ego dell'altra persona e commentando è come se tu stessi correggendo in pubblico qualcuno. Se proprio devi criticare fallo in privato e dai all'altra persona la possibilità di salvare la faccia. Sono più che sicuro che la critica sarà recepita in maniera migliore.

17. Ostentare nel mondo virtuale quello che hai, dove sei stato, che vestiti e scarpe indossi nei social è una pratica ormai molto diffusa anche se è di cattivo gusto.

18.   Non invitare costantemente le persone a giocare a dei giochi online.

19. Quando sei su un sito di incontri è fondamentale comportarsi in maniera civile ed educata. È vero, tanti utenti si iscrivono a questi siti solo per divertimento e scappatelle, ma questo non ti autorizza a comportarti in maniera volgare, a fare apprezzamenti spinti e a inviare delle foto di natura pornografica o a fare commenti dello stesso tenore. Indipendentemente dal motivo che ha spinto una persona a iscriversi a queste piattaforme hai sempre a che fare con delle persone e dovresti trattarle con rispetto. Volersi divertire e fare sesso non ti autorizza a comportarti come una bestia.

20.   Non scrivere commenti di natura personale nelle bacheche della persona con cui vuoi

comunicare perché tutti possono leggere quei commenti.

21. Non sminuire i commenti e le opinioni delle altre persone. L'obiettivo del confronto deve essere sempre lo scambio di idee e anche nella vita virtuale non devi mai partire prevenuto o con l'idea di dover "vincere" una discussione.

22. Comportati nel web come ti comporteresti al bar con quella persona. Useresti dei toni passivo-aggressivi? Diresti quelle cose volgari in faccia all'altra persona? La aggrediresti dicendole che non capisce nulla e che solo te hai ragione?

23. Non sei l'unto del Signore e non sei stato investito da nessuna autorità che ha certificato che hai sempre ragione. Affronta le discussioni online con lo stesso spirito di quelle offline.

24. Se vuoi condividere dei contenuti sul tuo blog chiedi il permesso all'autore dell'articolo.

25. Se ricevi un like o un commento su una foto o su un tuo contenuto ringrazia e metti a tua volta un like o un commento a dei contenuti dell'altro utente.

26.   Se vuoi lavorare online devi essere onesto e trasparente, non ingannare i tuoi follower e non trattarli come stupidi perché altrimenti smetteranno di seguirti.

27.   Se qualcuno inizia a seguirti su Instagram è norma di buona educazione quella di seguire quel profilo per ringraziarlo. Puoi anche prendere l'iniziativa e seguire degli influencer sperando che ricambino la cortesia. Se, dopo qualche tempo, non dovessero farlo allora sei autorizzato a non seguirli più.

28.   Il profilo di un'altra persona è equivalente alla sua casa quindi devi mostrare rispetto. Non litigare con delle persone nel profilo di un altro utente e se dovesse succedere (non sempre è possibile trattenersi) chiedi scusa e cancella il post.

29.   Non usare dei profili fake per far crescere il tuo profilo o per spiare la gente, è gravissimo e potresti anche andare incontro a delle noie legali.

Purtroppo ancora tante persone (specialmente di una certa età) faticano a comprendere che il web non è una terra senza leggi. Non è colpa loro, non hanno mai ricevuto una formazione adeguata per fargli comprendere come funziona il web e la comunicazione digitale, ma questo non significa che tutto sia concesso sul web. Internet è una fantastica risorsa per avere informazioni su ogni cosa, per lavorare, per condividere le proprie passioni e per conoscere persone ma deve essere usata nel modo corretto per evitare di causare problemi.

La netiquette insegna a comportarsi nel web come ci si comporterebbe nella vita reale, trattando le persone con il dovuto rispetto e senza invadere mai il loro spazio personale. Non è difficile, basta solo rispettare delle elementari norme di galateo e trattare le persone online come se fossero offline.

Varie norme di galateo moderno

Il galateo si occupa di dare consigli di comportamento per tutti gli aspetti della vita. Quelli che hai appena letto sono dei consigli che si possono applicare alle principali situazioni in cui devi interagire con delle persone durante la tua vita, ma ci sono tantissimi altri consigli sia per l'uomo che per la donna che devi tenere a mente. Questi sono i principali e sono sicuro che prima o poi li hai trasgrediti senza nemmeno saperlo.

- La mano destra è considerata la mano "sociale" e si deve usare per stringere le mani e per salutare. Quella sinistra è la mano che puoi usare per tossire, starnutire e sistemarti il viso.

- Per le donne: la borsetta deve sempre stare nella parte sinistra del corpo.

- I libri devono essere raccomandati, mai prestati, per quello ci sono le biblioteche.

- Le brutte notizie devono essere sempre comunicate di persona e mai in forma scritta. L'unica eccezione può essere la distanza e quindi è consentito anche comunicare queste pessime notizie via telefono. In ogni caso mai comunicarle in forma scritta.

- L'uomo deve cedere il passo alla donna solo se si è in un luogo familiare. Se si entra in un locale il galateo impone che sia prima l'uomo a entrare e poi la donna.

- Quando si effettuano delle uscite di coppia è necessario far avvicinare gli uomini tra di loro e le donne con le donne in modo da incentivare la conversazione.

- Quando fai delle docce in palestra è considerata maleducazione camminare nudo (o nuda) nello spogliatoio mettendo in mostra le parti intime. È consigliato camminare in palestra con un asciugamano addosso e poi mettersi gli indumenti intimi prima di toglierlo. Si può anche fare la doccia con un costume da bagno ma non è necessario, l'importante è non camminare nudi per lo spogliatoio.

- In treno non occupare dei posti con i tuoi bagagli.

Galateo nel mondo

Quelle che hai appena letto sono una serie di regole di galateo moderno che si applicano principalmente al nostro Paese. Ogni Paese del mondo ha una serie di usanze che possono risultare strane per un italiano ma che è meglio conoscere per non fare delle figuracce. Queste sono alcune curiosità di galateo per diversi Paesi del mondo:

- In Germania è considerato sconveniente fare apertamente dei complimenti a una persona per aver svolto bene il suo lavoro. Per i tedeschi si è solo fatto il proprio dovere e quindi ricevere dei complimenti è spiazzante per loro e potrebbero anche interpretarlo come una presa in giro.

- In Francia se si ha un ruolo di responsabilità in azienda è considerata maleducazione uscire in orario di lavoro, nonché segno di scarsa produttività. Il capo deve essere l'ultimo ad andare via.

- Nei Paesi arabi se quello che stai mangiando è di tuo gradimento ne devi lasciare qualche pezzo nel piatto.

- Nei Paesi arabi è una grave offesa regalare dell'alcool dato che la maggior parte delle persone sono musulmane e la loro religione vieta il consumo di bevande alcoliche.

- In Arabia Saudita è perfettamente normale arrivare in ritardo agli appuntamenti.

- In Spagna si considera il venerdì pomeriggio come parte del weekend. Se devi chiedere qualche lavoro complesso il venerdì fallo alla mattina.

- Nei Paesi del Sud-Est Asiatico e in Giappone è sconveniente correggere il leader anche se dice delle cose errate. Il capo ha sempre ragione.

- In Ungheria è sconveniente fare il brindisi facendo tintinnare assieme i bicchieri.

- In Francia non si taglia con il coltello il pane o l'insalata.

- In Corea Del Sud c'è un fortissimo rispetto per gli anziani e non è raro che fidanzamenti vengano annullati per l'opposizione degli anziani della famiglia. A pranzo nessuno mangia fino a quando non inizia la persona più anziana della famiglia.

- Hai letto il consiglio di galateo dove ti dico di ringraziare il padrone di casa il giorno dopo essere stato invitato, vero? Bene, se sei in India dimenticati questo consiglio perché è considerata una cosa maleducata. Accettare l'invito è già un ringraziamento e inviare anche un messaggio è una cosa troppo formale che può essere interpretata come un voler "prendere le distanze" da quella persona.

- In Arabia e nei Paesi di religione musulmana puoi anche mangiare con le mani ma solamente usando tre dita, imitando il comportamento che era solito usare il profeta Maometto.

- Se invece sei in Cile sappi che nulla deve essere mangiato con le mani.

- Mangiare in silenzio è considerato gravissimo in Cina e in Giappone, significa che il pranzo non è buono. Per rendere felice il padrone di casa è necessario emettere suoni e fare vistosi apprezzamenti sul cibo per tutto il pranzo.

- In Portogallo chiedere sale e pepe è una grande offesa per chi ha preparato il cibo, significa che non ha sapore.

- In Giappone si viene educati sin da bambini a pensare prima alla collettività e poi al proprio guadagno personale. Chi si addormenta in metropolitana o nelle pause lavorative non viene biasimato ma lodato perché significa che ha dato tutte le sue energie per il bene dell'azienda e della società. Non è raro che le persone indossino dei biglietti dove informano presso quale fermata della metropolitana devono essere svegliati e i passeggeri lo faranno senza problemi.

- Riempire prima il proprio bicchiere è maleducazione in Giappone, sempre per il rispetto della collettività. È educazione riempire prima il bicchiere degli altri commensali.

- In Corea Del Sud è consuetudine delle persone tra 20 e 30 anni di considerarsi fidanzati se si arriva al terzo appuntamento assieme. Solo dopo il terzo appuntamento si può iniziare a toccare l'altra persona e a prendersi per mano in pubblico (gesto considerato molto intimo e che fanno a malapena le coppie sposate).

- In Inghilterra fare il simbolo della V con le dita mostrando le unghie all'interlocutore è considerato l'equivalente del nostro dito medio e quindi una grave offesa.

- Negli Stati Uniti si lascia sempre una mancia ai camerieri. Non lasciarla è sinonimo di taccagneria.

- In America non si bussa alle porte, specialmente quelle dei servizi. Se è chiusa significa che dentro c'è qualcuno.

- In Cina girare un pesce mentre lo si mangia significa augurare l'affondamento alla barca che lo ha pescato.

- In Australia i jeans sono considerati solo abiti da lavoro e quindi non sono adatti per cene, per lavoro o per incontri galanti.

- In Corea Del Sud non si stringe la mano alle persone ma si effettua un inchino. Più l'inchino è profondo e maggiore sarà il rispetto mostrato. Per chiedere scusa ci si prostra a terra.

Una serie di usanze strane, non credi?

Ma questo è il bello del galateo, può essere diverso in tutto il mondo ma lo scopo (essere educati e mostrare rispetto) è sempre lo stesso.